世界史纵览

A Survey of World History

社会温情：福利社会的兴起

郭少琼 著

長春出版社

图书在版编目(CIP)数据

社会温情:福利社会的兴起/郭少琼著.—长春:长春出版社,2011.12

(世界史纵览/侯建新顾问)

ISBN 978—7—5445—2057—7

Ⅰ. ①社… Ⅱ. ①郭… Ⅲ. ①社会福利—历史—世界—通俗读物 Ⅳ. ①D57—49

中国版本图书馆CIP数据核字(2011)第262922号

世界史纵览

社会温情:福利社会的兴起

著　　者:郭少琼

责任编辑:张耀民　程秀梅

封面设计:徐力坚

版式设计:王国擎

插图作者:尹小光

出版发行:長春出版社

总编室电话:0431—88563443

发行部电话:0431—88561180

邮购零售电话:0431—88561177

地　　址:吉林省长春市建设街1377号

邮　　编:130061

网　　址:http://www.cccbs.net

制　　版:长春出版社美术设计制作中心

印　　刷:北京尚唐印刷包装有限公司

经　　销:新华书店

开　　本:787毫米×1092毫米　1/16

字　　数:117千字

印　　张:12.25

版　　次:2012年3月第1版

印　　次:2012年3月第1次印刷

定　　价:23.00元

总 序

中国需要世界史知识的普及，因为她正在走向世界。

中国从没有像现在这样与世界频繁交往，交往的广度与深度超过了以往任何历史时期。根据我国外交部的统计资料，截至2009年7月，与我国建交的国家总数达到171个，遍及全球。中国与世界的人员往来也更加频繁。根据国家旅游局的统计，2008年我国出入境旅游总人次接近1亿（其中，入境5305万，出境4584.44万）。据教育部的统计，从1978年以来，中国各类出国留学人员总数已达139.15万，2008年创了历史新高，达到17.98万；其实，早在2006年，联合国教科文组织公布的统计数字就已显示，中国已成为世界上出国留学生人数最多的国家，全世界几乎每7个外国留学生就有1个中国学生。中国也受到了海外留学生的青睐，新中国成立60年以来，我国累计接收来华留学生146万人次，2008年首次突破20万，共有来自189个国家和地区的22.3万来华留学生。经济交往更为繁盛。据中国对外经济贸易统计学会的统计分析，改革开放三十年，特别是自2001年加入世界贸易组织以来，中国对外经济实现了从封闭、半封闭到全方位的开放，2004年货物进出口贸易总额首次超过日本，成为仅次于美国和德国的世界第三大贸易国。中国对外贸易的依存度迅速提高，2003年就突破了50%，2006年达到67%，2008年尽管开始受到国际金融危机的影响，仍超过60%。伴随着中国融入世界的步履，世界也在迅速走进中国。中国与世界各国的交融与冲突也日益加深。2008年金融危机以及随之而来的经济危机，不但加速了中国从货物输出国向资本输出国的转变，而且还使中国日益卷入国际贸易纠纷之中。所有这些，都要求我们更多地了解我们所打交道的对象，了解他们的历史文化，尤其是西方发达国家的发展历程与文化特征。

了解外界，学习世界历史是眼前现实的需要，从更深远的意义上讲，则是培养21世纪国民基本素质的需要，很明显，现代国民一定要有世界眼光。古人云："知己知彼，百战不殆。"其实，不仅是在战场上、在商场上、外交谈判桌上，乃至日常友好交往中，概莫能外。优雅、良好的国民和政府形象，既需要经济实力，又需要优良的文化素养，其中中外历史文化知识当然不可或缺。此外，学习外界文明与文化，也是改善我们自己文明与文化的需要。应当承认，上述对外交往和对外商贸的成绩本身就是改革开放的重要成果。古人亦云，"择善而从""从善如流"，似指个人修养的一个重要原则，何尝不能用于不同民族、不同文化之间的关系。历史证明，没有任何一种文明是铁板一块，完全的、纯粹的原生型。交往促进发展，共融产生文明。但凡文明，特别是有生命力、有影响力的文明，都是在碰撞和交往中产生，又在不断交往中发展与共生。现代国民和国家尤其应当有一种开放和自信的心态。开放不会失去自己，只能使我们更加丰富，更加健康。

人类社会不同地区的交往很早就开始了，但真正把世界逐渐连为一体的还是新航路开辟以后。此前不同地区、不同民族的交往大多是局部的、暂时的，有一定的偶然性；然而世界市场的形成使各地人们不可避免地发生联系，不管你愿意还是不愿意，是主动还是被动。中国最初与现代世界的交往就是被动的，甚至是屈辱的，那是每一个中国人都不能忘记的鸦片战争。从此自以为天朝大国的政权再也不能无视外面世界的存在。林则徐自觉"睁眼看世界"，表达了那一代中国仁人志士最明智的判断和认知。此乃痛定思痛后的反思：泱泱大国败于远渡重洋而来的蕞尔小国，气难咽，恨难消；可为什么会输掉？又如堕烟雾，一筹莫展，开战前林则徐甚至认为英国士兵“腰腿僵硬，一仆不能复起”，（参见鸦片战争前林则徐在道光十九年七月奏折《请严谕将英船新到烟土查明全缴片》）遑论对手的军事火力、武器性能、游戏规则乃至心理与文化！林则徐之痛，是国人之痛，民族之痛！痛苦促发顿悟，从而记录了中国人的一次惊醒，弥足珍贵，事实上它也的确影响了几代中国人。

在“睁眼看世界”的过程中，中国人逐渐认识世界，同时重新审视自己和自己的过去。我们有悠久的历史，有不曾间断的文明，很久以来即以天下之“中”自居；然而，此时发现我们的武器库中两样家什至为罕见，甚至不曾拥有，那就是“科学”与“民主”。这是天大的发现，是经过剧烈的文化碰撞和苦难洗礼后迸发出的社会思潮，大概也是五四运动产生的历史背景。依当下的看法，对西方的这种认识未必准确，对自己文化传统的评判亦不无偏颇之处，但无论如何，比之前辈的认识水准无疑大大迈进了一步。这是真正历史性的进步，面对“实惟数千年来未有之变局”，产生了数千年来未有之眼光。或者说，面对一个不同的文化参照体系，直面自身，重新评估了自己的形象。在这里，我们发现了解外来文化的另一个重要价值：在比较中产生鉴别，更深刻地认识自己，从而试图改善自己。

对外界文化的研究，我国学术界曾问世过一些相当不错的著述，如前不久人民出版社以《西洋史系列丛书》方式再版了9种专著，可见一斑。不过，系统的世界史学科体系的建设和世界史教育的普及，总体讲还是在新中国成立以后。尤其近三十年改革开放以来，打破旧的思想樊篱，走出一片新天地：大量的国外研究成果被译介，许多研究领域被开拓，陈旧的知识体系和概念被更新。世界史学科正在成为我国现代化建设事业重要的思想和学术资源。而且，世界史教学和研究的成果也正在逐渐缩短与国际水准的距离。每年，应该说每天，都有从研究对象国归来的学人，一些原始资料开始能从网络上直接获取，一些领域甚至可以做到与国外学者直接对话。毫不溢美地说，世界史学科的进步是出类拔萃的，中国世界史学科进入了春天。

一线的研究成果需要系统地梳理，细细地消化，而且应该为更多的人所接受和吸纳。世界史学者有这样的责任，中国也存在相应的文化市场需求。近些年，已经有一些简明的世界史读本面世，这些著作图文并茂，为传播世界史知识做出了贡献。但总体而言，我们的世界历史知识的普及工作仍然比较薄弱，尚存相当大的发展空间。《世界史纵览》这套丛书，试图向大众传播鲜活的世界史知识，注重世界历史的主线与全局，注重社会生活史元素，注重行文风格的灵活轻盈。这套丛书的作者大多为中青年学者，他们有自己的优势，也不可避免地有着很多缺陷。真诚地希望前辈学人对这些年轻学者予以指教，使之更好地成长；更真诚地希望他们的劳动成果为更多的国人分享。

侯建新

于天津师范大学欧洲经济—社会史研究中心

2009年10月25日

写在前面

法国著名历史学家基佐在其著作《法国文明史》中提到:“文明主要包括两点:社会状态的进展,以及精神状态的进展;人的外部条件和一般条件的进展,以及人的内部性质和个人性质的进展。总而言之,是社会和人类的完善。”也就是说,所谓文明,就是社会不断进步、人类不断完善,获得全面发展的过程。而社会的进步、人类的完善是一个漫长且错综复杂的过程,我们只能从一些生活侧面、社会现象感悟社会的进步、人类的发展,感受文明。西方社会福利的发展及其带来的影响恰好为我们见证文明、感受文明提供了一个契机。

帮助穷人、关爱弱者是人的本性,是人类朴素真挚的感情流露,而社会福利、社会救济由来已久,在不同的历史发展时期有不同的表现。从西方国家社会福利政策发展的历程来看,它经历了一个漫长的过程。在此过程中,政府越来越多地承担起私人领域的福利职责,排斥教会、地方权力、个人以及社会力量,建立起由国家负责的全民社会福利体系。20世纪70年代后期,随着新科技的进步、知识的发展以及福利体制本身的缺陷,西方国家滋生了一系列新的社会问题,福利国家出现了危机。于是,西方国家开始寻求新的发展道路,政府转而倡导并推动社会、地方组织及个人等更多地承担福利职责,提出了积极的福利改革,主张建设社会投资型国家,积极倡导“无责任即无权利”的新原则。西欧各国社会福利体制正处于改革阶段。

实际上，在现代社会保障制度开始形成以前，西方国家主要是通过教会、地方组织和个人的施舍、宗教救济等方式来帮助社区中需要帮助的人群，这包括了贫民、年老体弱者、寡妇、婴儿以及生理上、心理上有缺陷的人等。这时期的社会救济纯粹是个人善举、社区间的友爱体现以及宗教救济，带有浓厚的宗教色彩，甚至可以说这时期的社会救济纯粹是宗教事务，是对上帝表达虔诚与敬爱的外在表现。

众所周知，西方社会中的许多传统和做法是受到宗教思想影响的。古埃及的经典宗教文献《死亡之书》中写道："我给所有饥饿者以面包，我给裸露者以衣裳。"这里的神是乐善好施的，而且往往把帮助人作为一种与生俱来的责任。而《旧约全书》中到处充溢着诸如"不能让穷人空手而归"的劝人为善的说教，竭力向人们灌输这样一种观念：给予是责任，而接受则是需求者的义务，同时，给予应当以需求为前提。比如说缺乏食物了，就应该给他吃的；没有衣服了，就应该给他穿的，等等；《新约全书》中也经常会有诸如"耶稣说，你若愿意做完全人，可以变卖你所有的，分给穷人，就必定财宝在天上"等语句。正是在诸如此类的说教影响下，乐善好施、慷慨救济被看成神的旨意，是义不容辞的个人责任。社区中人与人互济互助，行会、兄弟会等大做善事；富人仗义疏财，大量馈赠其依附者以及教会，教会更是当仁不让地承担起了救助穷人、保护弱者的责任，甚至将之看成理所当然的社会职能，并逐渐合法化。这体现了人与人之间朴素的、真挚的情感与爱。然而，这种主要由教会承担的社会救济，带有浓厚的宗教色彩。富人缘于自身的救赎而救济穷人，因为后者是在上帝面前最好的说情者；而教会借着对穷人的救济控制其生活方式与思想，并试图凭此与政府抗衡；行会、兄弟会等慈善机构则为了表达对上帝的敬爱，遵从上帝的意愿而积极从事慈善事业。弱势群体成了富人阶级升上天堂的阶梯，成了教会、地方贵族权力的筹码，成了被利用的工具。与此同时，富人因赎罪而慷慨救济，教会获得馈赠而救济，行会、兄弟会为了坚守信仰而救助，因而，这样的社会救济带有很大的机动性、随意性。当天灾人祸，穷人现象特别突出时，富人、教会等会因自身经济匮乏而减少甚至停止救济行为，穷人的境况更糟，其最低生活保障并没有得到保证。

随着16世纪资产阶级革命和宗教改革的进展，政教不断分离，西方各国过渡到民族国家，开始注重社会政策，制定了一系列法案（如英国的"济贫法"）对穷人进行带有歧视性的援助，开始区分真假穷人，兴建了大量的收容所、感化院，实行大禁闭与驱逐政策，将大批"无益于世界"的穷人、流浪汉关进了收容所，从而将他们与社会隔离开来，以此来维持社会秩序。在此过程中，一方面，工业革命、宗教改革冲击着教会、封建领主对社会的控制和封锁，使得其在社会救济领域所起作用有所下降；另一方面，民族国家的兴起使西方各国越来越注重国家对社会各领域的干预，维护社会秩序井然几乎成为新兴民族国家的头等大事。教会、地方政府被要求停止对"无益于世界"的穷人、流浪汉的怜悯与帮助，王室开始介入社会救济领域，慈善机构出现了世俗化趋势，社会福利成为民族国家排挤、压制穷人、流浪汉的一面幌子。然而，在此过程中，传统的宗教救济、慈善事业并非完全消失得无影无踪。

到了近现代，尤其是十八九世纪，伴随着中央集权的发展，政府越来越多地干预社会福利事业。国家通过不断地制定、完善社会保障制度，几乎独揽了社会福利事务，将教会、地方权贵以及个人、家庭从传统的社会福利领域中排挤出去，社会福利由国家负责管理。在此过程中，中央政府与教会、地方势力就社会福利的控制权展开了激烈的争夺，社会福利被扭曲了，成为双方争权夺利的牺牲品。与此同时，穷人、流浪汉等继续遭受禁闭与驱逐、镇压，成为政治整饬的受害者，社会福利让位给社会秩序。

由国家制定并负责实施的社会保障制度破坏了传统的社区友好关系，削弱了地方归属感，削减了人与人之间朴素的真诚的友爱情感，将对他人的责任、对社会的责任推给了政府，人与人之间开始变得冷淡、麻木。然而，这并非全是社会福利制度的错。实质上，国家形成一整套行之有效的社会福利制度，保障弱势群体最基本的生活，并给予了强有力的法律保证。国家正是通过社会福利制度强制性地给予弱势群体最基本的生活保障，赋予其不可剥夺的现代公民权利，而不再是传统意义的宗教救济那么随意，可有可无，可多可少。社会福利是一项不可动摇的公民权利。这意味着国家把弱势群体当成整个社会必不可少的一部分，是民族国家必不可缺的一分子，同时承认每个人都有生存权利，而国家有责任保障这种权利，这是人类文明向前迈了一大步。国家承担起帮助穷人、保护弱者的社会职能，并为之创造发展自我、完善自我的空间与条件，使人性得以张扬，社会因之大步向前迈进，同时加强了弱势群体的民族归属感与国家集体感。社会福利已从中世纪以来的宗教事务演变成近现代意义上的政府职责，是一种司法行为。在此制度下，弱势群体被看成一个完整的人而得到尊重与帮助，不再是被利用的工具，不再是扰乱社会秩序的危险分子。而福利制度所带来的人与人之间的冷漠与生疏，认为只要交了税就没有责任了，是国家、政府的职责，这并非完全是社会福利制度所造成的，而是西方国家近现代化所带来的社会弊端。近现代科学技术的发展，给人类带来了前所未有的物质利益、物质享受，丰富了人们的生活，也深刻地影响着人们的世界观、价值观。人们把目光集中在社会生产、科学技术的发展上，却忘了关注人类自身的发展。但是人类本身的发展与完善才是社会进步的本质，人们应该把目光收回来，投注在人类本身，关注人，关注自我发展与完善。福利制度是为了保障弱势群体的生活，促进社会的发展，而不应当成为人类自身发展的障碍，更不能阻碍人与人之间的相亲相爱以及真挚的情感交流，因而应当借助社会福利制度这一载体号召人们关爱自我，关注社会，增强人与人之间真诚的关爱与社会责任。

第二次世界大战后，西方国家在战争的废墟上重建社会福利，政府依然是大面积、深层次地干预社会福利领域，所不同的是政府试图建立起以人为本的现代社会福利。20世纪70年代以前，以英国、瑞典为代表的西方国家建立了“从摇篮到坟墓”的高福利制度，普遍和周到的福利照顾，几乎惠及所有公民；从生到死的福利保障提高了社会中下阶层对疾病、失业、退休等风险的抵御能力，有效地将个人从物质匮乏和忧虑不安的束缚中解脱出来，从而有了更多的自我发展空间；而弱势群体生活有保证，甚至过上了较为舒适的生活，这促进了政治稳定、社会安宁以及国家团结，是社会文明的一大体现。

然而，现代社会福利制度依然存在一些不足，比如说，高福利催生了“懒人”现象。在瑞典，人们工作和不工作的收入相差不到20%，这使得人们不愿从事劳动，也不愿为获得工作而努力提高自己的素养与能力，甚至出现了一些专门依靠社会福利过活的“福利妈妈”“懒汉”等，这无形中败坏了社会风气，更不利于个人的发展以及社会的进步。而且，从生到死的福利保障冲击了传统的“家庭价值观”，一些人将对家人的责任推给了政府，也淡化了市民的社会责任感，进一步加深了冷漠与麻木不仁。与此同时，高福利带来高压力。战后几十年中，许多欧洲国家的福利开支不断膨胀，超出了政府所能承受的范围，继而出现财政危机。20世纪70年代后，这些现象更为突出，西方各国开始寻求“第三条道路”，积极改革社会福利。当今国际社会福利变革的主要趋势在于重建社会保障的责任分担制，减少政府参与，强化个人保障意识，充分发挥社团、家庭和市场的作用，培养社会救助意识和社会责任。毫无疑问，社会福利制度的发展又向前迈了一大步，由单纯的政府司法行为逐渐过渡到社会全民参与，而且更为关注人类自我救助、自我发展及对他人的责任与爱，从而增强市民的责任感与国家归属感，增强了爱国情感。

西方国家的社会福利从早期的个人善举到中世纪宗教色彩浓厚的社会救济再到近现代意义上的社会福利，经过了一个漫长而曲折的过程。在此过程中，政府越来越多地干预其中，将社会福利当成是当仁不让的国家职责，建立并不断完善社会保障制度，以此保证弱势群体最基本的生活需求，并帮助其进一步发展自我、完善自我，促进社会和谐发展。国家、社会把福利接受者当成一个完整的人而使其得到尊重与帮助，赋予了其生存的权利，为之创造发展的可能性，使之成为国家的一分子、成为对社会有用之人，满足其作为一个有用的人的心理需求和精神需求，而非单纯地成为被施舍的对象；国家通过社会福利增强了社会与每一个成员间的联系，增强了人们的集体意识与国家归属感，这当中体现出了社会的温情，洋溢着浓厚的人文关怀，是社会文明的体现。另外，笔者认为，在发展现代社会福利的过程中，除了建立行之有效的社会福利保障制度以及号召全民参与之外，不应当将教会完全排除在社会福利领域之外。宗教重视人生的意义，强调每个人都有获得爱与尊重的权利，强调对他人的爱、宽容与帮助，从而培养人们的集体荣誉感，促进邻里相互照顾，增进人与人之间的情感。因此，我们应当注重并充分发挥宗教思想在现代社会福利建设中不可取代的作用。同时，笔者认为，社会福利的目的在于保障人们作为一个完整的个体获得生存的最基本保障，继而成为社会中的人，成为对社区、对国家有用的人，从而使个人成为一个完善的人，一个获得自身发展与完善的人。因而，福利制度只能是一种手段，一种使人获得发展与完善的手段，一种帮助人们过上幸福生活的手段。关注人类自身的需求与发展，关心个人的幸福感、成就感以及集体荣誉感、归属感才是目的所在，人类自身的发展与完善才是我们目光的焦点。

目 录

总　序 …………………………………………………… 001

写在前面 ………………………………………………… 001

第一章　社会福利的含义与由来 ………………… 001

社会福利的概念 ………………………………………… 001

社会福利的理论基础 …………………………………… 006

第二章　中世纪早期:通向救赎的社会救济 …… 016

穷人:上帝面前的说情者 ……………………………… 016

富人:寻找通向天国的梯子 …………………………… 027

教会:社会救济的主体 ………………………………… 036

其他形式的社会救济团体 ……………………………… 044

第三章　中世纪晚期:虚假的社会福利 ………… 052

真穷人的无奈与假穷人的伎俩 ………………………… 052

惩罚与强迫劳动:大禁闭前的各种尝试 ……………… 062

虚假的社会福利:大禁闭的开始 ……………………… 068

第四章　近代法国：扭曲了的社会福利 ·········· 081

宗教情感的丧失与福利世俗化 ·························· 081

地方救济与中央集权的对抗 ····························· 111

第五章　二战后：以人为本的社会福利 ·········· 121

以人为本的现代社会福利 ································ 121

福利国家何去何从 ·· 154

附　录 ·· 172

大事年表 ·· 172

参考文献 ·· 174

第一章　社会福利的含义与由来

社会福利是一个动态发展的概念,在不同的历史时期、不同的区域,人们对社会福利有不同的理解;而不同的社会福利理解在一定程度上决定了不同历史时期西方社会福利的实践模式。

社会福利的概念

什么是社会福利

一般认为汉语中的社会福利是由英语“social welfare”翻译而来的。而“social welfare”最先出现在罗斯福总统和丘吉尔首相于1941年拟定的《大西洋宪章》和1945年的《联合国宪章》中。在学术研究中,“社会福利”作为一个术语一直没有一个统一的定义,有时指的是一种生存状态,有时则是在指某些制度或某些理论,学者们提出的社会福利概念在表述上更是千差万别,莫衷一是。

《大美百科全书》中对社会福利的定义是:“最常指分门别类的制度与服务,其主要目的在于维护和提高人们身体的、社会的、智力的或感情的福祉;同时亦指大学的、政府的或私人的方案,这些方案涉及社会服务、社会工作和人群服务等领域,以达到助人的专业目标。”据此,一些学者从人类的生存状态出发定义社会福利，认为社会福利是指一个社会的幸福状况,包括人们的健康、经济状况、快乐和生活质量;社会福利关心的是帮助人们过上更加令人满意的生活；社会福利的目标是促使社会中的每个人都能满足社会、经济、健康与休闲的需求等。也有些学者认为，社会福利是各种旨在加强或确保满足作为人们社会福利和社会秩序功能基础的社会需要的各种法律、计划、基金和服务的系统,等等。同时,一些学者把社会福利看成一种复合型的制度,当中包括了非正式的社会福利制度,如家庭、邻里和社区等初级群体以助人为目的的集体努力;正式的社会福利制度，如宗教团体、非营利组织等“第三部门”承担的慈善活动;以及国家的社会福利制度,即政府承担的提供福利的责任。不同的国家、地区,不同时代的福利情况各不相同,因而社会福利的理念、政策或内容也随着时间和空间的转换而变动,且不同国家、地区在不同时期对社会福利的侧重点也有所不同。

瑞典、芬兰、比利时等斯堪的纳维亚半岛诸国追求最高标准的福利品质;德国、法国、日本等国则强调家庭的保障功能和福利的辅助性质;而英国、美国、加拿大等国政府仅仅提供基本的给付并鼓励福利私有化的供给方式。

在人类社会早期，生产单位与生活消费单位的主体为家庭,个人遇到意外事故、疾病、养老、生育等风险时,主要依靠亲戚朋友、左邻右舍的支持与帮助渡过难关，这里体现的是人与人之间朴素的、自发的情感,并没有规范性的条文或固定的救助模式,并非现代意义上的社会保障。随着社会的发展,商品经济代替自然经济,社会化大生产代替了家庭生产,工业化生产冲击着传统的家庭劳作、社区交易,人口开始大流动,大量劳动者从家庭走向社会,从农村走向城镇,于是便相应的产生了一系列社会问题。在这种情况下,政府部门开始制定并实施社会保障制度,确立了现代意义的社会福利。

一般认为社会福利有广义和狭义之分。广义的社会福利是指由政府举办和出资的一切旨在改善人民物质和文化、卫生、教育等生活的社会措施,包括政府举办的文化、教育和医疗卫生事业、城市住房事业和各种服务事业,以及各项福利性财政补贴;狭义的社会福利则仅指由国家出资或给予税收优惠照顾而兴办的、以低价收费或免费的形式向一部分需要特殊照顾的社会成员提供物质帮助或服务的制度,通常包括老人、妇女、儿童等特殊群体的福利津贴或福利设施。

为什么会有社会福利

众多学者从各自不同的学术角度出发研究社会福利,给社会福利下定义,各说各有理。那么,为什么会有社会福利?社会福利有什么价值?学者们更是各抒己见,莫衷一是。

社会工作者往往从"需要"的角度考察和解释社会福利。他们认为"认识需要的概念是理解当代社会政策和福利国家最重要的基石"。[Plant,Raymond. Lesser,Harry. Taylor,&Peter-Gooby. (1980)*Political philosophy and social welfare:essays on the normative basis ofwelfare provision*. London Boston:Routledge & Kegan Paul . P. 20. 转引自马广海,许英:《论社会福利:概念与视角》,载《山东大学学报》(哲学社会科学版),2008年第5期。]社会需要的存在,以及如何满足需要是理解为什么要有社会福利的核心,这种需要包括了"个人需要"和"社会需要"。大多数社会工作者认为社会福利是一种助人的梦想、人道主义的驱动和解决社会问题的行动计划以及关于为此所支付的成本的考虑,它关注个体生活的情绪,同时也是社会工作者帮助人们解决令个体痛苦的问题的努力。

而社会学学者则倾向于认为社会福利是社会制度中的一环,应当将社会福利放在政治、社会结构、文化等构成的整体中来分析，才有可能回答“为什么要有社会福利”。实际上，社会学学者主要是试图解释产生社会福利的社会原因、历史背景以及社会福利产生的效果。另外，一些学者从政治学角度出发，认为社会福利是社会中优势阶级用来缓和不同阶级间的利益冲突与对立的一种策略，是政府职能所在。也就是说，社会福利解决的是“谁能得到社会福利？如何得到？”这类问题。持这种观点的学者认为，现代意义上的社会福利是二战后垄断资产阶级为缓和阶级矛盾、避免革命而采取的方针策略，社会福利看似给工人阶级带来了一些好处，实质上则是巩固了资产阶级统治。

还有一些学者认为，社会福利是一种一般化的社会交换，这种交换建立在互惠的基础上，而这种互惠有利于社会团结，有助于解决工业化社会中的职业分工问题。这种看法受到了很多经济学家直接或间接的支持。比如，福利经济学的创始人庇古认为，所谓福利就是人们对获得效用的心理满足，有广义和狭义之分：广义的福利范围很广，包括非经济的友谊、正义、自由、愉快等，难以计量；狭义的福利即经济福利，是可以直接或间接用货币尺度来衡量的社会福利部分。例如，他指出，“社会总福利并不是个人福利的总和”，“生产烈性酒的厂商，其销售越多则利润越丰厚，但社会可能因此需要更多的警察来维持秩序”，所以要对生产烈性酒的厂商征税，以抵偿增加的社会成本。（陈红霞：

庇古从经济学的角度看待社会福利。

《社会福利思想》,社会科学文献出版社,2002年,244~248页。)

其实,不管是对社会福利的定义还是回答“为什么要有社会福利”,其答案都或多或少地涉及一个国家特定的历史、政治、文化、制度和意识形态背景,更高层次的还应当考虑将这些意识形态具体化了的各种社会福利以及社会服务。因而,正如前面所指出的,要给出一个大家普遍能接受的较全面的定义,这几乎是件不可能的事情。我们只能根据具体的情况具体理解社会福利。

综上所述,我们可以从以下三个方面来理解社会福利的概念:

首先,社会福利是国家的一项社会政策。社会福利制度的目的在于保障社会成员最基本的生活需求并尽可能为其提供自我发展、自我完善的条件,从而促进个人的成长和社会的进步。

其次,社会福利是由国家、社会、集体和个人共同承担的公共事业。国家为社会成员制定社会保障立法,提供法律依据,承担一部分公共资金投入;社会、集体及个人参与到社会福利事业中,通过社会福利加强个人与社会、与国家的联系,进而增加公民的集体荣誉感和国家归属感,社会福利是社会黏合剂。

最后,社会福利采用的手段是提供资金、服务和福利设施等。社会福利通过提供资金、公共服务和机构设施等为社会成员的生存及发展减少障碍、增强能力,寻求个人的幸福感与满足感。

本文介绍的社会福利既包括了“国家和社会针对少数的穷人和在身体与精神方面需要给予特殊照顾的人提供的物质帮助和服务”,(钱宁主编:《现代社会福利思想》,高等教育出版社,2006年,3页。)即救助型的社会福利,也包括了“国家和社会为改善和提高全体社会成员的物质生活和精神生活而采取的政策措施和提供的福利设施及相关服务”,(钱宁主编:《现代社会福利思想》,高等教育出版社,2006年,3页。)即社会救助、社会保险、慈善事业、免费教育与培训、公共服务等。

社会福利的理论基础

现代意义上的社会福利，即通常所说的社会保障制度，是从19世纪80年代开始建立的。19世纪80年代初至20世纪30年代末，西方国家纷纷制定社会保障立法；从二战后到20世纪70年代末，西方国家逐渐完善社会保障体制，社会福利获得快速发展；自20世纪70年代末起，西方国家在新的经济形势下爆发了一系列新的社会问题，各国开始寻求社会福利新的发展道路，意欲建立新投资型福利国家。

社会福利的思想基础

1.古代欧洲的社会福利思想

西方社会福利思想历史悠久，古巴比伦《汉穆拉比法典》中就强调要保护孤寡；古希腊思想家柏拉图在其《理想国》中则强调整体的幸福与社会和谐，提出“运用说服或强制，使全体公民彼此协调和谐，使他们把各自能向集体提供的利益让大家分享……把他们团结成为一个不可分割的城邦公民集体”。（柏拉图:《理想国》，商务印书馆，1957年，279页。）另一著名思想家亚里士多德在其著作《政治学》中提出了相类似的看法。亚里士多德认为人是社会的动物，为了共同的利益必须相互合作、相互帮助，才能享有优良的生活。古代欧洲朴素的社会福利思想成为现代社会福利的思想渊源之一。

2.宗教教义中的社会福利思想

犹太教认为自己是上帝的选民，它将上帝带给了人类，而上帝是博爱的、仁慈的、乐善好施的。

犹太教、基督教等宗教宣传的博爱、仁慈、助人等教义对西方社会福利思想产生了深远的影响与作用。

《圣经·旧约·利未记·第24章》中写道:“你的弟兄在你那里若渐渐贫穷,你就要帮补他……你借钱给他,不可向他取利;借粮给他,也不可向他多要。”《旧约》中诸多教义要求人们乐于助人,不能两手空空回避贫民而不给予救济,应坦诚友好地对待穷人,提供帮助。

《圣经·新约》更是强调博爱、行善与怜悯,甚至主张爱你的敌人。比如说,《马太福音·第五章·论福》中写道:“怜恤人的人有福了,因为他们必蒙怜恤。”《马太福音·第五章·论爱仇敌》中写道:“只是我要告诉你们:要爱你们的仇敌。”

正是在这些教义的宣传影响下,西方早期社会福利表现为个人慈善行为、行会互助和教会慈善救济等,而教会在慈善救济事业中扮演重要的角色。然而,宗教教义中的社会福利思想体现的是上帝有关博爱、仁慈等的主张,反映了上帝的意志,是为神服务,而并非以人为中心。个人慈善、行会互助以及教会救济很大程度上是为了履行宗教义务,是对上帝虔敬的表现,而并非从人的需要出发。

现代社会福利思想的形成

现代意义上的社会福利思想萌芽于15世纪至16世纪的社会变革。在此时期,贫困已成为严重的社会问题,宗教团体掌握的慈善事业逐渐被政府接管,政府采取了立法、组织救济、劳动培训等一系列措施来干预社会福利。其中最有代表性的是英国的“济贫法”,这是现代社会保障制度的前身。

14世纪黑死病的肆虐以及西欧农奴制的解体,使大量成年劳动力四处流浪,对社会稳定造成很大威胁,同时,英国社会普遍存在严重的劳动力缺乏现象。自那个时候起,流民现象成为欧洲社会发展的重要问题,英国政府不得不采取措施解决不断恶化的社会问题。1349年,英国颁布《劳工章程》,规定了劳工工资的上限,对有劳动能力的无业人员实行外出限制,要求所有有劳动能力者都必须在其居住地工作,禁止慈善机构给身体健全的流浪者和乞丐提供帮助。

十五六世纪，随着英国对外贸易的扩大，毛纺织业日益繁荣,羊毛需求量不断增加,封建贵族将农民从领地上赶走用于养羊;而宗教改革中,教会的地产被王室大片剥夺,农民被赶走。离开土地的农民无家可归,到处游荡,沿街行乞,造成了贵族的恐慌。英国政府不得不出台一些法案处理这些问题。其主要措施是:第一,身强力壮者必须强制劳动。若逃跑,被捕后则遭受鞭打,甚至被用烧红的铁器在胸前烙上“V”字(流浪者Vagrant的第一个字母);第二次被捕后割去右耳的上部;第三次被捕则处以极刑,同时禁止市民给无特许证的乞丐施舍。第二,对于丧失劳动能力的贫民,则允许其在一定的区域内乞讨,而没有官方救济。

1536年,英国颁布了《亨利济贫法》,该法令标志着英国政府开始承担起解决社会贫困问题的一些职责。法令规定对身体健全却到处流浪的乞讨者实施严厉惩罚,同时也规定地方官员有义务有责任救济穷人、残疾人、病人和老人,并用公共基金为身体健全有能力从事工作的人提供工作。1572年,英国国会颁布一项法令,规定无论城市、城镇还是乡村,每一个公民都必须缴纳用于救济而专门设立的基金,并设立了教区贫民救济委员会,负责救济贫民。这一法令意义重大,在这之前,用于救济贫民的财物绝大部分来自教会、个人捐献,而该法令则确认了政府为实施各种救济而有征税的权力，这为政府建立起社会救济制度奠定了财政基础，意义深远。而且,到16世纪后期,英国政府已开始意识到,严惩流浪者并不能有效维持社会秩序,也不利于国家的长期稳定,贫穷已经成为一种社会现象,不再仅仅是个人问题,政府应当为此做点什么。正是在此背景下,1601年,英国政府颁布了世界历史上著名的《伊丽莎白济贫法》。

《伊丽莎白济贫法》,即旧“济贫法”,它体现了英国政府过

伊丽莎白一世时期，世界上有了第一部社会保障法律。

去对贫民的主要原则，并规定了全面的处理贫民的措施。作为英国第一个重要的济贫法，它不仅是这一法律制度的发端，而且为这一法律制度的发展确定了基本原则，因此也被称为世界上最早的社会保障法。

《伊丽莎白济贫法》规定：父母有义务抚养子女，晚辈有责任赡养他们贫穷的长辈；政府有责任对没有工作能力的贫困者提供帮助，保障穷人的最低生活水平；政府有义务帮助贫穷的孩子，为身体健全者提供工作。法令同时还规定，用于向贫民提供救济的基金以每户固定缴纳的税款为主，不依法缴纳济贫税者将遭受牢狱之灾。旧“济贫法”还授权治安法官以教区为单位管理济贫事宜，征收济贫税及核发济贫费。规定：凡年老及丧失劳动力者，在家接受救济；贫穷儿童则在指定的人家寄养，长到一定年龄时送去做学徒（男孩直到24岁，女孩20岁）；流浪者被关进监狱或送入教养院。

1662年，英国议会通过立法规定各教区有权限制教区外的人在本教区内定居，也有权将非法居留者驱逐出境；受助者必须居住在其教区之内，教区必须对其负起责任。1782年，议会通过新“济贫法”虽然为贫困者提供了最低的衣食住保障，但却剥夺了他们的自由与尊严，领取救济之人被看成社会的污点，遭社会排斥与遗弃。

“吉尔伯特法”，规定贫民习艺所只收容贫困的年老、体弱、生病的人和孤儿，以及随同母亲的儿童；身强力壮者则可得到衣食供应直至其就业。1834年，议会通过《济贫法（修正案）》，这是1601年以后最重要的济贫法，史称新“济贫法”。新“济贫法”一个重要原则是领取救济的贫民必须入住济贫院、习艺所并从事苦役。同时，提出申请救济的贫民必须接受考查，确定其是否年老体弱、身体功能衰退且品行是否端正。新“济贫法”当中的一些奖惩原则影响深远，直到1946年的《国民保险法》和1948年的《国民救助法》通过后，“济贫法”才失去作用。新旧济贫法标志着救济贫民已成为政府的职责所在，济贫由社会慈善事业过渡到以国家为责任主体的社会救济事业。

其他西方国家早期的社会政策走过了类似于英国的道路，实行贫民救济计划，坚持了对贫民强迫劳动和救济相结合的原则。

进入十八九世纪，西方国家工业化进程加快，贫困、伤残等日益严重，政府通过订立一系列社会保障制度，加大了对社会福利领域的干预，甚至将教会、地方政府、非政府组织排挤出该领域。社会福利成为西方国家一项重要的社会制度和社会政策，对人们的生活方式、价值观产生了重要影响。

19世纪末，这种主要针对穷人提供有限的社会福利的思想受到日益发展的科技进步的挑战。随着工业革命的进一步发展，西方国家面临着越来越多的社会问题的挑战。随着在普鲁士战争中对奥地利的胜利以及1871年对法国的胜利，德国工人运动发展迅猛。首相俾斯麦提出国家应该通过适当的制度，通过集体力量，正面推动针对所有社会成员，尤其是弱者的社会福利。1883年，德国政府制定了世界上第一部《疾病保险法》，对最低收入工薪者强迫实施医疗保险，工薪者缴纳2/3的分摊金，雇主缴纳1/3，此后又延伸到其他工薪者，包括农业劳动者；1884年通过了《工人赔偿法》，由雇主负全责，规定劳动者丧失劳动能力后应保证工资的66%；1889年实行了《老年与病残强制保险法》，雇主与雇员各分担一半。这三部法令强调了权利与义务的统一，以缴费作为享有保险待遇的条件，且待遇的高低与收入的多少相关联，同时也确定了使受保人的最低基本生活得到保障的目标，规定保险费用由国家、单位以及个人三方共同承担，这些原则为往后许多国家建立和发展社会福利制度奠定了基础，社会保障趋向制度化、法制化，其确立的福利国家模式被称为俾斯麦模式。俾斯麦模式的社会保障制度既具有社会民主性，即国家应对社会发展和公共保障负责，也具有职业保险性以及合作主义，即由雇主、雇员和国家三方共同协商合作。

在1889年巴黎的国际会议以及1904年美国圣·路易斯国际会议上，俾斯麦模式影响至整个欧洲，法国、荷兰、丹麦、意大利、奥地利、瑞典、匈牙利等国效法了此模式。

20世纪30年代，西方国家大多遭受世界性经济危机的打击而陷入大萧条，为全民提供社会福利成为当时西方各国政府必须解决的问题。1935年，美国通过《社会保障法》，从而设立了五个基本保障项目：老年社会保险、失业社会保险、盲人补助、老年补助和未成年人补助，形成了较为完整的社会保障体系。《社会保障法》确立了以联邦政府承担义务的全国性的、以解决老人和失业问题为中心内容的法令，这在美国历史上是第一次，从而确立了社会保障制度的一般原则。

1941年6月，英国政府宣布成立一个由各部门组成的关于社会保险合作问题的委员会，即“社会保险与相关服务委员会”，由贝弗里奇担任主席，该委员会常被称为“贝弗里奇委员会”。其主要任务是对当时英国的社会保障制度进行调查，并提出一份详细可行的改革方案。贝弗里奇委员会就此展开了激烈的争论，在正式发表报告之前，一共召集了44次会议，收集了194份文件，其中最重要的是1941年11月11日和1942年1月16日提交的备忘录。1941年11月11日的备忘录题为《一项社会保障制度的要点》，指出，社会保障制度必须建立在针对全体社会成员的国民保健制度、针对所有儿童的普遍家庭补贴制度以及充分就业这三种观念之上，应确保每一个社会成员的收入能满足其基本的生活要求，对超出基本生活水平的生活需求则不予保障。该备忘录详细列举了社会保障制度应覆盖的七种基本需求，即儿童需求、老年需求、残疾需求、失业需求、丧葬需求、损失需求和妇女婚姻需求。1941年11月11日的备忘录实际上是后来发表的贝弗里奇报告的提纲。1942年1月16日的备忘录题为《社会保险津贴的范围以及贫困问题》，该备忘录主要阐述了社会保险的目的，即防止和减少由于失业、疾病、事故、老年、死亡、丧偶或其他因素所造成的收入中断或损失而带来的贫困；在实现该基本目的的基础上，为其他因素所造成的困难提供帮助。

这两份备忘录确定了社会保障改革的目标与方向，在此指导下，贝弗里奇委员会在1942年1~10月之间举行了数十次听证会，收集了大量资料进行多方协商，并于10月份拟就了最后的报告，这就是著名的《社会保险与相关服务的报告》，即影响颇深的“贝弗里奇报告”，该报告成为英国政府实施覆盖全民社会保障体系的政策依据。“贝弗里奇报告”对当时英国社会保障制度存在的缺陷进行了批评，阐述了社会保障的范畴，指出了英国社会保障制度改革的三项首要原则，着重阐述了社会保障的三种方法以及社会保险制度的六大基本原则。“贝弗里奇报告”认为,现代社会保障应对因失业、疾病或事故造成的收入中断提供保障;应对因年老而退休提供收入保障;应对因配偶的去世而无可依靠者提供保障;应对诸如与生育、死亡以及婚嫁相关的额外开支提供保障。总之,社会保障是对最低生活的保障,只不过,这种保障必须与那些能够尽快恢复劳动收入的措施密切相关。“贝弗里奇报告”指出了社会保障制度改革的三项首要原则:(1)有关社会保障制度未来改革与发展的建议，不应该仅仅限于局部利益的考虑,而应当是一种革命性的变革;(2)社会保障应该是综合性社会发展政策的一部分,即消除贫困、疾病、无知、肮脏和懒惰;(3)社会保障必须通过国家与个人之间的合作来实现。报告阐明了社会保障的三种方法，亦即为保障基本需要而实施的社会保险、为保证特殊需要而实施的国民救济以及为满足其基本需要以外的需求而实施的自愿保险。而社会保险制度是社会保障制度的主要内容,其应包括六大基本原则:(1)社会保险制度同一津贴标准原则;(2) 社会保险制度同一缴费标准原则;(3)社会保险制度统一管理原则;(4)社会保险津贴发放时间与数量应该合理的原则;(5)社会保险制度综合性原则;(6)社会保险制度分类原则。

“贝弗里奇报告”对英国社会保障制度的发展产生了重大的影响。二战后,英国工党执政,开始全面采纳“贝弗里奇报告”的建议,国家担负起保障公民福利的职责,先后颁布了《社会保障计划》(1942年)、《国民保险法》(1946年)、《国民医疗保健法》(1946年)、《国民救济法》(1948年)，强调全面、普遍、平等、充分的原则,率先建立起了国民普遍享有社会福利的“福利国家”,该模式被称为贝弗里奇模式。至此,我们可以看到贝弗里奇模式的社会保障制度具有三大原则:普享性原则,即不论其职业如何,所有公民都被覆盖以防社会风险;统一性原则,即由统一俾斯麦模式与贝弗里奇模式是欧洲20世纪末两种主要的社会福利国家模式。

的行政管理机构管理所有的基金与津贴的发放；均一性原则，即每一个受益者根据其需要获得资助，而非根据其收入来衡量。

高福利带来了高压力，至20世纪70年代世界经济发生滞胀时，福利国家普遍出现了财政危机。1960年至1975年间，英、法、德、意、比各国的GDP年均增长率为2.6%～4.6%，社会保障开支的增长率却在5.6%～9.1%之间。（李琮主编：《西欧社会保障制度》，中国社会科学出版社，1989年，37页。）英国福利支出1982年比1972年增长了4.6倍；1991年法国医疗费用占GDP比重高达10%；德国社会保障开支自1985年后一直占GDP的30%；1990年美国福利开支占GDP比重的30%。（中国社会保障改革课题组：《社会保障制度的国际比较》，载《经济学动态》，1994年第8期。）人们把怀疑的目光投向了全民福利制度：社会福利开支膨胀，政府财政出现赤字难以维持；社会福利造成了“懒人”现象，工作与不工作所得的待遇所差无几，大大打击了人们的劳动积极性，浪费了大量的社会资源；企业成本增加，国际竞争力下降；市民社会责任感下降，社区归属感受挫，国家荣誉感减弱。这一系列问题迫使西方国家开始寻求新的社会福利发展道路：多元型福利制度。各国政府强调发挥市场作用，降低所得税，削减或取消部分社会保险补助金，开始强调以人的全面发展作为社会福利的目的。多元型福利制度是20世纪70年代末到90年代西方国家比较通行的福利制度。该制度确实在一定程度上提高了经济效益，促进了经济发展，有利于个人的全面发展，并促进了社会的和谐发展，但却不可避免地拉大了社会贫富差距。“第三条道路”社会福利理论应运而生。自20世纪90年代开始，西方各国逐渐接受“第三条道路”的理念，变“消极福利”为“积极福利”，变“福利国家”为“社会投资型国家”，提出“无责任即无权利”原则。

“第三条道路”指出，国家应在福利领域发挥主导作用，由政府、非政府组织和个人共同参与，强调社会稳定和秩序安定。

但是，在新的经济形势下，欧洲的社会福利制度依然面临着这样或那样的困难，福利国家何去何从依然是每个福利国家有待解决的问题。

第二章
中世纪早期：通向救赎的社会救济

中世纪早期，教会承担着社会救济的主要部分，富人救济穷人，兄弟会、行会等保护、帮助其成员，并积极从事慈善事业，穷人成为被保护的对象。然而，中世纪早期的社会救济带有浓厚的宗教色彩，是为上帝服务，服从上帝的意愿，而非真正关心穷人，关爱弱者。另外，社会救济更像是一场目的明确的交易，富人为了自身救赎而救济，穷人为了得到救济而为富人祈祷。

穷人：上帝面前的说情者

自人类诞生之日起，贫困就一直困扰着人类社会；而穷人作为社会中的弱势群体，在不同的历史时期有着不同的际遇。中世纪早期，教会宣扬要尊重穷人，帮助弱者，号召富人施舍穷人，救济穷人，宣称这样才能进入天堂，而作为回报，穷人得在上帝面前为富人说情。

贫困：无处不在

中世纪早期，饥饿、疾病和战乱随时威胁着人们，尤其是农民。在中世纪，大约只有10%的人住在城镇，余下的绝大多数是领主农场里的农民，他们的生活完全被季节控制着。每年秋天，农民们播下小麦和黑麦；一到春天，他们种下其他的谷类和豆类；夏天是收获的季节，许多的庄稼都等着收割。然而经常性的恶劣天气引起庄稼歉收，物价飞涨，或是春天青黄不接，迫使农民们经常挨饿。而且，乡村中沿着弯曲的幽径密集排列在一起的木质房子遇到零星的火苗就会立刻燃烧，火势会很快地蔓延以至燃烧整个街道。12世纪的英国伦敦有过4次火灾；1200年至1225年间法国鲁昂发生了6次火灾。另外，周而复始的鼠疫等灾害（鼠疫流行病从公元542~544年自法国罗讷河潜入后曾肆虐整个欧洲）时刻威胁着人们，城镇就像是培育疾病的温床：过密的人口，遭受污染的水井，落后的卫生设施，充斥着老鼠和猪的街道共同引发疾病——斑疹伤寒、伤寒和流行性感冒，最严重的疾病是腹股沟淋巴结鼠疫，给14世纪40年代的整个欧洲带来了毁灭性的打击。法国和德国很多的城镇遭受着可怕命运，1/4的人口被夺去了生命，而在图纳伊则到处都是死尸，活着的人不断忙着埋葬死者。除此之外，领主间的争战以及时不时发生的抢劫、杀戮，使得大量农民生活困苦，朝不保夕，被迫走向乞讨或借高利贷，或流浪。

1348年，黑死病袭击意大利，致使意大利几乎每个城市损失了1/3的人口。此后的瘟疫经常夺走城市1/10至2/10的人口。饮食不够、居住环境恶劣的穷人聚集区所受打击更甚。

农民们在土地上辛苦耕种，可是，收获的庄稼却往往不足播下种子的两倍，根本不够维持自己的生活。农民们，包括自由人、佃农、奴隶，除了要养活自己之外，还要“供养他们的主人、士兵、教会人士，那些拥有土地并且命令、裁决、惩罚、剥削他们的人”。（若兹·库贝洛，曹丹红：《流浪的历史》，广西师范大学出版社，2005年，3页。）从那个时候起，极小的灾难都会引起轩然大波，饥寒交迫的农民不得不走向高利贷。饥荒时期，一个受贫困所逼的穷人去向高利贷者求助：

> “你要买东西，可以，付了账就可以把东西拿走了。”
>
> 对此穷人回答道：“我没钱付账，求你可怜可怜我，无论如何，把我要的东西借给我，使我不至于饿死。”
>
> 高利贷者反驳：“你出多少钱我就卖你多少麦子；或者下一季收割时你把这些钱还给我，或者用小麦、酒或其他什么食物来抵债。”（若兹·库贝洛，曹丹红：《流浪的历史》，广西师范大学出版社，2005年，4页。）

农民是借到了他想要的东西，但却要付出几倍于此的代价。借贷者不仅将他的财产用来抵押，还将这些财产的享用权及它们的产物也用来抵押。这些人通常是将自己置于一个更悲惨的境地，他们不得不承担债主越来越重的剥削，还要偿付高额的债务，而来年的自然灾害或战乱却再一次无情地将之推向绝路，走向流浪，开始乞讨。

这种情况不仅频频地发生在农民、穷人身上，也出现在一些贵族身上。约1200年，诺曼底布勒泰什的领主被迫放弃他的财产来清偿债务，他解释道：“因为我向高利贷借了钱，我陷入了困境。一方面是由于战争和国内持续的坏天气，另一方面是为了给女儿置办嫁妆。如果不是很快受到建议和救济的话，我就负债累累了，极有可能而且我也极其害怕失去所有的土地，因为将我逼入绝境的债务和高额利息数目巨大。”（若兹·库贝洛，曹丹红：《流浪的历史》，广西师范大学出版社，2005年，14页。）而史蒂法妮·德·萨韦尔丹则没有这么好运。“我被毁了。”她向一个老朋友承认，“我卖掉了我的财产，我当掉了我的家奴们，我在我儿子家里过着卑微贫穷的生活；而且我还不敢四处走动。”（若兹·库贝洛，曹丹红：《流浪的历史》，广西师范大学出版社，2005年，14页。）

实际上，在中世纪早期，除非十分必要，人们不轻易离开自己或领主的土地。因为，流浪意味着离开土地，离开传统的社区，也就失去了传统的社区互助关系，成为真正无依无靠者，且随时会有生命危险。在乡间有一片片的树林和沼泽地，打劫的人很容易找到藏身之处，碰到一个劫匪，一个礼拜有时甚至一年辛苦挣来的钱就会被抢劫一空；更糟糕的是，可能遇上更坏的事断送了生命。因为，流浪在外就不受教会、所属领主的保护。而且，除了一股又一股的强盗，还有散兵游勇，这些人因兵饷太少，不得不出来打劫，挣点外快。另外，一些收成不好、无力偿还债务的农民则铤而走险，藏在路边打劫。与此同时，中世纪之夜是恐怖的，抢劫、偷窃、行凶等总是在黑暗中悄悄进行。（具体介绍可参见让·韦尔东：《中世纪之夜》，刘华译，中国人民大学出版社，2007年。）

各式各样的危险就藏在乡间的小路上，直至十八九世纪，在那维亚半岛、法国、德国、意大利、西班牙等国人烟稀少的地方，依然存在这些潜在的危险。

中世纪，当夜幕来临时，不仅乡村被黑暗统治了一切，就是在城镇也是漆黑一片，城镇关闭城门，实行宵禁，直至次日清晨才重开城门。只在城堡入口处、教堂圣像前面有一两只灯盏闪着微弱的光，给迟归的人一点点光明与温暖。各城市政府总是告诫市民不要在夜晚出门，以免遭遇不测。因此，无论是在乡村还是在城镇，绝大多数的人天黑之前就回到了简陋的家里，这里至少可以确保安全。农民们吃着粗茶淡饭，有面包、肥肉、白菜与蚕豆，然后，熄灯的钟声敲响了：圣母院7点敲钟，巴黎的其他教堂8点敲钟，索邦的钟声9点敲响。（让·韦尔东：《中世纪之夜》，刘华译，中国人民大学出版社，2007年，8页。）这时，占领乡村、城市的是那些具

有一定威慑力的坏小子们、那些无栖身之处的穷人们,《中世纪之夜》里是这样描绘他们的:

对那些睡在货摊下的人们,
我照准眼睛打上一拳,
他们哆哆嗦嗦,冻得脸色阴沉,
瘦弱、多毛又感冒伤风。
我将短裤与短袍留给他们,
他们冻僵了,挫伤了,浑身湿淋淋。

中世纪的农民,甚至可以说是中世纪的欧洲人——因为直到公元18世纪,约70%~80%的人口是农民,或者更确切地说是依靠农业生产来维持生活的——时刻遭受饥饿、疾病以及战乱的威胁,他们经常处于朝不保夕、三餐不济的状态,而背井离乡则意味着无依无靠甚至有生命危险。因而,中世纪早期,绝大多数穷人委身侍奉贵族、领主,充当家臣,为其灵魂得救而在上帝面前求情,为其祈祷,以求得衣食与保护。从7世纪流传下来的《都尔公例》里有着处理各种法律案件的范例汇编,关于穷人投身贵族、领主门下以求得衣食与保护的有两套很接近的套语:

“众所周知,我没有吃的,也没有穿的,所以我企求您的怜悯——您的好心将会同意我的请求——使我能投身或自荐到您的监护下。但要以下列条件作为交换:在我能为您服役并对您有所贡献时,您必须帮助我、扶持我,负责我的吃穿,只要我活着,我就有义务为您服务、遵守您的命令,就像人们能够从一个自由人那里得到的一样;而且我没有权利抽身于您的控制或监护,相反,有生之年,我必须一直置身于您的力量和保护之下。”(若兹·库贝洛,曹丹红:《流浪的历史》,广西师范大学出版社,2005年,11页。)

另外一种比较常见的套语是:

“我,某人,谨致伟大的主人,某某人:众人皆知,我没吃没穿,只有恳求大人怜悯收留;幸蒙允准庇护,赐我衣食。今后竭尽全力,不负大人恩情,在我有生之年,我按自己应守的规矩,服侍您,顺服您,而且终生如此,永不改悔。”(彼得·李伯庚:《欧洲文化史》,赵复三译,上海社会科学院出版社,2004年,157页。)

正是通过签署这样的契约,穷人委身于富人门下,充当家臣,除了要为领主进行家田劳动,完成类似挖沟、修路、伐木、施肥等家务劳动之外,更主要的是为富人祈祷,为富人在上帝面前说情。因为,基督似乎更衷心于穷人。

“基督的穷人”:早期穷人的形象

约公元337年,在亚眠,罗马骑士马丁勒马驻足在一个乞丐面前,他将自己的大衣一分为二,一半自己留着,一半给了那个穷人。第二天晚上,基督出现在马丁面前,基督身上披的正是马丁白天给穷人的那一半衣服。之后,马丁受洗入教,开始传播福音并成立了隐士会,成为图尔市的主教。“亚眠分衣”成了宣扬穷人尊严,强调穷人在宗教生活中所起作用的一个最好的例子。在教会的宣传、讲道中,绝大多数人相信穷人背后可能就是基督本身,要获得主的垂怜,获得拯救就应当善待穷人,帮助穷人。

几乎在整个中世纪,绝大多数农民,除非迫不得已,不会离开自己或领主的土地,他们的眼界通常就是他们眼前所能看到的地方,不超过所住村庄的边缘,而各个村庄几乎是全封闭的。这样一来,教会成为各个地方的首领,是社会文化的中心。教会教导人们:天上的神是既严厉又仁慈的;

对于目不识丁、视野狭窄的农民来说,教士几乎是全能的,他们不仅是信徒灵魂的牧人,还往往兼任医生、农村纠纷的调停人、小学校长等,中世纪的人们十分崇拜神职人员。

人如果行善，死后就上天堂；如果作恶，死后就下地狱，起码也要入炼狱。因此，人活在世上要爱邻居、顺服世俗的长官和教会的权威。“要全心全意地去爱上帝，我们的主，然后，爱他人要像爱自己一样……能鼓舞穷人，给赤身者衣物，探访病人……安慰悲哀的人……不以恶报恶，不行不正当的行为，但要能忍耐不公正，爱敌人……不骄傲，不嗜酒，不好吃，不贪睡，不拥有……善的本身是归功于上帝的，不是自己的。”（汉斯-维尔纳·格茨：《欧洲中世纪生活》，王亚平译，东方出版社，2002年，107页。）宗教为中世纪的每一个人安排了位置，每个人有自己的工作，自己的责任，当然也有自己的权利。穷人接受教会救济、个人施舍的同时就应当为富人在上帝面前充当说客，为富人的灵魂得救而在上帝面前说情。因为，上帝主张富人们“要你们的富裕，现在可以弥补他们的不足，使他们的富裕将来也可以弥补你们的不足”，也就是说，富人们应该慷慨解囊，救济穷人，弥补穷人的不足，而穷人则应当为此在上帝面前求情赦免富人的罪，以弥补富人灵魂上的不足。

这样的言语充斥中世纪的欧洲，深刻地影响着人们的想法与做法，我们现代人很难理解当时教士们的语言对无知的欧洲人的巨大影响。教士、修士讲道出名后，各地居民都希望能亲聆教诲。而教士、修士往往对广大民众进行道德说教，从而唤醒人们的道德心，积极从善，慷慨解囊，这样的言语往往能起到意想不到的效果。比如说，圣贝尔纳迪诺顿在阿雷佐的一次讲道中，谴责了那些在附近树林中放纵的人，结果，阿雷佐人砍掉了整片树林。一般来说，普通大众对这些德高望重的教士、修士表现出了积极、热情的态度。据《布雷西亚史》载，1446年一位法兰西斯派严修会修士皮埃特罗到布雷西亚讲道时，头一天有10000人到场，其中2000人来自其他城市，“大群的人从四面八方前来听他讲道，以至于最大的广场都嫌太小，而他自己几乎要冒生命危险才能移动”。（J.布克哈特：《意大利文艺复兴时期的文化》，何新译，商务印书馆，1954年，352页。）著名的多明我会传教士文森特·费弗尔所经之处，平民、地方官、低级教士甚至高级教士、主教们都高声歌唱欢迎他，并且不断地有人加入到随行队伍中。这些随行者一到晚上就围绕着城门游行，载歌载舞，狂欢不断。而每到之处都有人专门负责解决这些人的食宿，大群不同修会的教徒跟随着他，帮他做弥撒，接待忏悔的人……

绝大多数欧洲人认为，教士们的言语代表着上帝，人们应当遵从教士的讲道行事：富人救济穷人，穷人为了富人灵魂解救而向上帝求情。

"主教导你成为地上的盐；当心不要成为那些人们扔在门槛上让千人踩万人踏的次盐……你使得基督的服务受人轻视，受人唾弃……主已在你面前铺平了一条通过获救的道路；事实上，一场可怕的饥饿在穷人中肆虐……为了免受主的审判，把你的心扉和你的谷仓打开吧……已经有无数穷人因饥饿和困苦的生活而死，而你还没有在他们任何人身上放上慈悲的手……你打开谷仓，不是为了缓解穷人所受的苦，而是为了将它们卖得更贵……其他各处的主教都已经借钱借粮去援助穷人了，而你却满足于囤积钱财。"（若兹·库贝洛，曹丹红：《流浪的历史》，广西师范大学出版社，2005年，23页。）

拒绝施舍、漠视穷人所受的折磨意味着他自己关上了上帝为他开启的"通往拯救的门"。因为人们早已在教士的宣讲中形成一种观念：穷人是为了富人而生存在世上的，要竭尽所能为富人求情，富人则应当通过施舍来找到获救的道路。因此，富人、教会只是受上帝之托来管理世间的财富，穷人才是财富的真正的受益者，甚至穷人成为被艳羡的对象。

幸福的人是乞讨的人

不受任何痛苦的人

企求上帝的怜爱
呼唤人们的施舍
为布施的人祈祷
为建造这个场所的人祈祷
穷人都有耐心
活着都有良知
遵循爱与和谐
忍受他们的贫穷
接受他们的命运
他们就能获救

施舍穷人因而是一大善举，是能够取悦上帝的，这样一来，个人慈善行为就成了早期西方社会福利中必不可少的一部分，甚至在其中发挥着重要的作用。中世纪的欧洲，个人施舍蔚然成风，一些商人往往将部分财产捐献给慈善事业或用于建立慈善机构。1007年，威尼斯商人奥尔塞禄·彼得拿出一部分财产捐给慈善事业；1173年，法国商人彼得·华尔多创办里昂贫民院；1601年，英国商人彼得·布伦达为慈善事业捐献了四万英镑。考文垂郡商人威廉·伏特则建立了慈善收容所，该所曾用于收容五名男子和一名女子，伏特每周给他们发一次生活费。（拉蒙德：《论英国本土的公共福利》，马清槐译，商务印书馆，1991年，9页。）然而，在这里，施舍是一种交易，富人要施舍才可能获得救赎，作为交换，穷人必须在上帝面前为施予者祷告求情，穷人的祈祷能帮助富人的灵魂获得拯救，进入天堂。因而，富人通过救济而拥有自己的“说情者”，以保证他的救赎，而穷人则通过为富人祈祷而领取救济，这是一种再明显不过的交易。

与此同时，神无时无刻不出现在梦中，重申着这样的观念：活着的人可以通过祈祷或施舍来为逝者、富人求情，以期获得拯救。一个星期天的夜里，吉贝尔的母亲在晨祷后睡着了，梦中除了其他之外，还见到了她的丈夫（即吉贝尔的父亲）。“她对她的配偶，即使是去世了，是多么的忠实，多么的爱恋，做出了多么大的牺牲，几乎是日常性的，祈祷、泪水、大量的施舍，她从未间断地献出这些，用于赎那个被自己的罪过所束缚的灵魂，因此，有时，按照惊人的神的安排，她常常有幻觉，父亲为赎罪而遭受的痛苦以非常生动的图像展示给她。毫无疑问，这类幻觉来自于上帝……痛苦与惩罚的幻觉激发了祈祷和施舍的热情……这个神圣女人的灵魂，在她的恳求中，便为这种迹象所温暖，而她去世的丈夫内心折磨的神奇幻觉使她勤勉地寻求对他有利的祈祷……我母亲问他的丈夫，祈祷、施舍和供圣品是否使他轻松一些，的确，她总是意识到要经常为他提供这些。他回答说，是的，并补充说：'不过，在你们之中有一个叫柳卡尔德的。'我母亲明白，这是为了让他去请那个女人在祈祷时记起逝者。柳卡尔德是一个真正的精神上过着贫困生活的女人，她毫不参与那个世纪的流行事儿，而是为上帝而活着，过着俭朴的生活。"（让·韦尔东：《中世纪之夜》，刘华译，中国人民大学出版社，2007年，203~204页。）

祈祷不仅能使逝者减轻痛苦，使其灵魂有可能从地狱中挣扎出来，还能治疗活着的人的病痛。

上帝似乎更钟情于穷人这些不幸的人，他们的祷告似乎总能奏效。一个名叫菲达米的女人瘫痪了，她的亲人将她带到了圣于连教堂。她在教堂的柱廊下度过了星期日之夜……在睡梦中做了祈祷。与此同时，她觉得好像千万条锁链从她身上掉到了地上。她被声音吵醒，发现自己痊愈了。她立即起身走进教堂，高声致谢……正是仁慈的殉道者于连为她显灵，这个女人在病了十八年后痊愈了。另一位全身瘫痪的病人躺在车子上被带到了圣于连修道院。他在教堂的对面，躺在车子里过夜，他看到了教堂突然被灿烂的光芒照亮，好像听到了许多人在唱圣诗。此时，他开始祈祷，沉浸在惊愕之中，忘记了自己的痛苦，他想向前走，他看到的光芒消失了。他醒了过来，发现自己已痊愈。（让·韦尔东：《中世纪之夜》，刘华译，中国人民大学出版社，2007年，210页。）

图尔的格列高利的著作中显示，在墨洛温王朝时期充满了这类的例子，克洛维的寡妇克洛蒂尔德王后虔诚地守夜祈祷；而厄拉利乌斯伯爵的母亲经常在礼拜堂里祈祷、守夜，祈祷中泪流满面，而仆人们都在睡觉，人们找到她时，她被祈祷时穿的苦衣勒死了；未来的女圣人拉德贡德是国王克洛塔尔的妻子，她在夜里毫不犹豫地离开夫妻睡床去长久地祈祷，她穿着苦行者的粗毛衬衣，冻得发僵，以致使克洛塔尔大发牢骚，他叫道：“我娶的是一个修女，而不是一位王后。”女性们虔诚地祈祷，而男人们也不例外。博拉西奥在俗时——他后来成了修道院院长——每天都要从床上爬起两三次去匍匐祈祷上帝。而希尔佩里克的儿子墨洛维连续三天禁食，守夜默思祈祷。（让·韦尔东：《中世纪之夜》，刘华译，中国人民大学出版社，2007年，217~218页。）

祈祷，是每一个欧洲人在中世纪最常做的事情之一。首先，为教堂、为高级神职人员、为修士们祈祷；为你负有责任的人们祈祷；也为所有受苦受累的人们祈祷；为那些去世的亲戚朋友，以及所有在炼狱中的人祈祷。教士教导信徒们在祈祷中应当想到上帝的仁慈，以及自己的过失；想到自己想得到的荣誉，以及应受的惩罚；最后，想到将要逝去的那一天以及审判日。而“基督的穷人”的祷告还存在着另一层意义：通过祷告为富人求情而获得衣食，获得生活的最基本保障。

贫困的人朝不保夕，挣扎在生死线上，为了填饱肚子，他们不得不将手伸向本不属于他们的面包或其他食物。

然而，在物资奇缺、饥荒反复出现时期，富人们有时也遭受一定的打击，他们或者不能或者不愿再救济穷人，穷人不得已走向偷窃。但在中世纪早期，这种“他、他的妻子和孩子都有可能受到饥饿威胁”而小偷小摸“面包或其他可以吃喝的东西”或“几块用来生火取暖的木头”（若兹·库贝洛，曹丹红：《流浪的历史》，广西师范大学出版社，2005年，30页。）的行为得到宗教甚至司法的宽容。《马太福音》第12篇中详细记载了耶稣宽恕了那些因饥饿难忍而偷拔麦穗并在安息日食用它们的使徒，因此，教会有理由宽恕这些不幸的人。13世纪上半叶，巴黎主教欧克塞尔的纪尧姆在其为施舍拟定的条例中甚至赞成在物资奇缺的情况下，所有东西都应当归公，也就是说穷人可以毫无罪过地拿取维持生命必需的面包。英国人理查德则动用了罗马法令中相关法令以及《罗蒂亚法令》，为这些迫不得已的“小偷”寻求合理的论证。

这种宗教宽恕、司法宽容看似是对穷人的怜悯与关怀，实则促使了穷人进一步堕落的可能。中世纪欧洲，人们认为穷人的作用就是接受施舍，以此来保障施与者的获救，也就是说，穷人是为了富人而活着的，只有富人施舍穷人，穷人活着才有意义。但当富人无力或不愿承担这个不成文的施舍责任时，穷人为了生存就有可能走向犯罪，教会、政府宽恕他们实际上是进一步将他们推向社会的边缘，进一步走向堕落。

富人：寻找通向天国的梯子

中世纪，由于宗教教义的宣传与影响，人们推崇使徒般的清贫生活，以此来取悦上帝。富人们则通过救济穷人、馈赠教堂和修道院甚至放弃全部家产等方式来寻找通向天国的梯子。

救济穷人：直接有效的获救途径

对于中世纪的人们来说，死亡意味着灵魂与肉体的分开，肉体的死亡是灵魂的解脱。因而，死亡本身是幸福的，是无痛苦的，能在告慰祈祷声中走向天国。但是，并不是每一个人都能走向天国，因此，肉体死亡后，灵魂的命运成为人们最关心的问题，也是令人们最惧怕的问题：是忍受地狱的苦难，还是享受天堂的幸福，取决于人们今生的所作所为。对于富人们来说，获救的最直接有效的方法就是救济穷人，因为，“怜恤的人有福了，因为他们必蒙怜恤”。（《圣经·马太福音》，第5章7节。）“有施散的，却更增添；有吝惜过度的，反致穷乏；好施舍的，必得丰裕；滋润人的，必得滋润。”（《圣经·箴言》，第11章24~25节。）

相比起中世纪的农民来说，贵族、领主们的生活要优裕得多，他们享有一定的特权，拥有大量的土地，过着奢华的生活，热衷于在城市的繁华地带修建华丽的宫邸，也在城市近郊兴建别具一格的别墅：“一座座房屋如雨后春笋一般冒出，人们不断地加以改造，使它们变得更舒适、更华丽，并把别处优秀的改造方案画成美丽的图案，此外，所有的市民——无论是平民还是贵族——都热衷于在乡村建造宏大华丽的房屋，甚至比城市里的房屋还要漂亮。”（H. Wohl, *The aesthetics of Italian Renaissance Arts*, a reconsideration of style Cambridge University Press, 1999, p.27.）

富人们生活奢侈浪费，饮酒作乐，但是，这种生活方式并不能得到教会的认可。教士们谆谆告诫：“骆驼穿过针的眼，比财主进

中世纪的慈善救济。

神的国还容易。”（《圣经·马太福音》，第19章23~24节。）上帝要“叫有权柄的失位，让卑贱的高升；叫饥饿的饱食，让富足的空手；凡自高的必降为卑，凡自卑的必升高”。富人在人世享福必将影响其死后升入天堂。教士甚至严厉地指责富人：“你们富足的人有祸了，因为你们受过你们的安慰；你们饱足的人有祸了，因为你们将要饥饿；你们喜笑的人有祸了，因为你们将要哀恸哭泣。”（《圣经·路加福音》，第6章24~25节。）

不仅教士们苦口婆心，而且上帝及天使屡屡出现在梦中，要求富人们为自己死后灵魂的得救做好准备。

虔诚的德里特尔姆病了，并在一个晚上死去。但曙光再现时，他又活了过来。之后，他分掉了自己的财产，并隐退到隐修院。在那儿，他有时会谈到，有一个人将他带到了一个又大又深的山谷里，左边是火焰，右边是冰雪交加，斜坡上是成群的人类灵魂……魔鬼正追杀着五个灵魂，德里特尔姆认出了其中一个是教士，一个是在俗信徒和一个女人……天使告诉德里特尔姆：由于他们是在临终前才忏悔，他们将获救于最后审判日，而且，活人的祈祷、施舍、禁食尤其是弥撒都将加快他们获救的时刻……前面的路越加芳香，越加光明，他来到一片开满鲜花的宽阔的草原，那里站着一些身穿白衣的人，穿过草原。当他回到白衣人中间时，白衣人告诉他这些人都是死于善事之中，但他们的圣洁还不够，还无法立即进入天国，他们将在最后审判日进入天堂，只有那些在各方面都很完美的人才直接进入天国。如果重新附身并回到人间生活的德里特尔姆过着正直、俭朴的生活，他将回到幸运的灵魂之中。（参见让·韦尔东：《中世纪之夜》，刘华译，中国人民大学出版社，2007年，206页。）

在另一个叙述中，胖子查理讲述道：一个星期日的晚上，做完祈祷后，查理正要去睡觉，这时一个声音告诉他说，他的灵魂将要离开他一阵子，于是，幻觉向他提示了上帝的判决。天使给了查理一个闪光的毛线团，命令他拿着一根线头，然后引领他在地狱苦刑的迷宫中行走。在燃火的黑暗中，查理发现了他们王室的好几个亲王。他看到父亲路易站在热水沸腾的水池中，一直淹至大腿："如果你们——你及我的臣民、主教、修道院院长以及神职人员通过弥撒、献祭、唱圣诗、祭礼和施舍尽快来救我，我就能很快地脱离沸水池。"随后，他又补充说："看看左侧，如果你不赎回自己，不为你犯下的罪行忏悔的话，这两个很深的水池就是为你准备的。"（让·韦尔东：《中世纪之夜》，刘华译，中国人民大学出版社，2007年，206页。）活着的人，尤其是穷人的祈祷可缩短那些并未被判处永久入地狱的灵魂的受苦时间。

神也出现在修道士的梦中。公元842年11月4日，一个名叫韦迪的修士在里什诺去世，去世前一天，他叙述了自己的梦境。韦迪声称在梦中天使领着他走上一条让人赏心悦目的道路。路上，天使指给他看一些极为壮美的高山，一条宽阔的河流环绕着高山，那里有不计其数的下地狱的人在受严惩，当中包括了一些教士，被用宽带子紧紧地捆绑在树干上，被投身于烈火中煎烤。"大部分贪恋尘世财物的神父，"天使说，"都穿着华丽，饮食奢侈；他们以为虔诚存在于物质好处之中，他们不顾及灵魂的财富，只操心自己的愉悦，并经常惠顾妓女，这样他们便既不能为自己，也不能为别人而向上帝求情，然而，他们的祈祷本来是可以通向拯救之路的，这便是他们得到的报应，他们是按自己以前的行为而遭受惩罚的。"而伯爵们"被收取礼品的欲望迷住了眼睛，他们未对死后的报应作出任何努力。他们从未考虑自己的未来，不主持正义，尽管他们应该分文不取地去这样做，他们却收取钱财。"天使继而指出："必须铲除恶习，以使道德的种子繁殖茂盛。小心别吝啬！当吝啬占了上风，就会与清贫的思想对立，就会关闭通向天堂的大门。让贪图吃喝变成极度的节制！要远离华丽的服饰，只穿遮掩裸体所必需的衣服，以使自己不受冻。骄傲让位于毫不作假的谦卑。的确，有些人好像低着头，但他们有高傲的心。在西方，日耳曼和高卢，必须让修士们仿效耶稣的谦卑及自愿的清贫，以使他们不会远离通往永恒的生命的大门。”（让·韦尔东：《中世纪之夜》，刘华译，中国人民大学出版社，2007年，196~197页。）

教会通过这些号召富人帮助穷人，宣称只有生前仁慈、尽力帮助穷人的人死后才能进入天堂，而诗人们则通过诗歌呼吁富人关注穷人、帮助穷人。如阿兰·夏蒂埃的《四重诅咒》、罗伯特·加圭的《农夫、教士和兵卒的争论》、让·莫林特的《下层人之来源》等，他们不断地提醒富人们注意一个事实，即穷人们受到了漠视：“啊，上帝，看看这些贫困的百姓，请赐给他们兴旺和繁荣，啊！他们在饥饿、寒冷、恐惧和痛苦中颤抖，如果他们因漠视了您而获罪，他们乞您宽赦，这不是太可怜了吗，他们失去了收成，他们再也没有谷物拿到磨坊，羊毛和亚麻也被夺走，只有水还留给他们饮用。”（约翰·赫伊津哈：《中世纪的衰落》，刘军等译，中国美术学院出版社，2007年，56页。）诗人们希望通过诗歌唤起富人们对饱受欺凌、孤苦无依的民众怀有同情之心。因为这些人劫于兵祸，苦于贪吏，生活于痛苦的深渊中。有些诗人则更为严厉，将富人们比喻成豺狼，诅咒他们入地狱：“无辜者忍饥挨饿，豺狼却竟日将他们吞噬，这些豺狼的不义之财成百上千。这是谷子，这是小麦，穷苦人的血肉却埋入土地。因此他们才呼唤上帝，惩罚领主，降灾于领主。”（约翰·赫伊津哈：《中世纪的衰落》，刘军等译，中国美术学院出版社，2007年，54页。）

正是在诸如此类的宣传与教化中，富人们纷纷慷慨解囊，不少上层人士为了死后能进入天堂而致力于慈善事业，救济穷人，保护弱者。因为“人若知道行善，却不去行，这就是他的罪了”。（《圣经·雅各书》，第4章17节）更何况，一些富人相信救济穷人、散财布施的做法能够给他们带来好名声。佛罗伦萨首富之一乔万尼·鲁切拉伊曾这样说：“我想我通过花钱所赢得的名声，要比我挣钱的名声大得多……富人必须豁达大方，因为慷慨解囊正是他能拥有的最高贵、最吸引人的美德。”（刘明翰主编，王挺之，刘耀春：《欧洲文艺复兴史·城市与社会生活卷》，人民出版社，2008年，301页。）

富人们甚至形成了称为“穷人的桌子”的慈善形式。这是一种固定的救济，经济来源是富人们定期的馈赠、遗赠等，受益者是定居的穷人，他们的名字记录在案，名单一年一次重审。

于是富人们大量馈赠教会，定期给穷人发放食物与衣服，食物包括了面包和啤酒，有时是葡萄酒、蔬菜、奶酪和肥肉，甚至偶尔还有瘦肉。富人们争先恐后地从事慈善救济事业，其中以圣路易为代表。圣路易认为行政机关应当是为他人服务的最高形式，在留给儿子的《教诲书》中，他坚持认为君主应当承担社会救济责任。圣路易身体力行，大力发展由腓力·奥古斯特建立起来的皇家慈善机构，还为病人以及无力劳动的人创立了由收容所组成的一个完整救济体系。圣路易更为巴黎的“上帝之家”倾注了无限爱心，又成立了“15—20”用于收容盲人，以及“上帝女儿之家”收容妓女，更不用提在卡昂、韦尔农、蓬图瓦兹、汞比涅等地成立的济贫院。但是，这种慈善救济并非无偿的，富人馈赠、遗赠教会救济穷人的同时，要求受惠的穷人为他们的灵魂得救而祷告，做弥撒，如九日经、年终弥撒、三十日追思弥撒等，这些能够赦免死者千年的炼狱之刑。有时，富人出资预先送一名苦修士（往往由穷人充当，在此过程中，富人负责其所有衣食住行的费用）到圣雅克—德—孔波斯泰勒教堂、布洛尼的圣母院或别的地方去朝圣，以此来获得死后救赎的权利。而中世纪的商人，尤其是放高利贷者为了拯救自己的灵魂和免遭因获不义之财而将来被魔鬼折磨的痛苦，往往在临死之前将巨额的财富送给教堂或教会组织，由教会来救济穷人，从而获得赎罪，这部分被称为“赎魂捐赠”。

还有一些富人则听从上帝的劝说变卖财产，心甘情愿成为穷人。“你若愿意做完全人，可去变卖你所有的，分给穷人，就必有财宝在天上。”（《圣经·马太福音》，第19章21节。）比如说，里昂的富商皮埃尔·瓦尔代斯由于害怕天堂的大门只向那些舍得放弃世间财产的人敞开，于是他变卖了所有财产，将所得分给穷人，自己则成为一无所有的穷人，进入修道院。另一富商韦尔多则受到一位神学家的感召，散尽万贯家财，抛下妻儿，变成一无所有，依靠别人的施舍为生。他这种做法得到周围人的称赞，并为他赢得了大批的追随者，从而创立了韦尔多派，过着“使徒般的清贫生活”，成为真正的“基督的穷人”，从而获救。

富人积极从事慈善事业，救济穷人，并由此获得死后灵魂得救的保障，即穷人在上帝面前的求情，以宽恕富人的“罪行”。

馈赠修道院：间接购买获救的权利

富人除了直接参与慈善事业、救济穷人之外，就是大量地馈赠教会或修道院，间接地购买获救的权利。

6世纪至8世纪，修道院在西方非常普遍，甚至可以把这一时期称为“隐修时代”：在爱尔兰，有圣·帕特里齐奥修道院、圣·卡伦巴诺修道院和圣·布朗达诺修道院；在法兰西，有吕克瑟修道院；在英格兰，有坎特伯雷的圣·阿科斯蒂诺修道院、班哥的修道院和科比的修道院；在瑞士，有约纳的修道院和圣·卡洛修道院；在意大利，有诺瓦莱萨的修道院、诺南托拉的修道院、布雷西亚的圣·朱利亚修道院和法拉的法尔法修道院，修道院遍地开花。（参见卢维科·加托：《帝国时代——中世纪》，夏方林译，四川人民出版社，2000年，13页。）随着修道院的出现，向修道院捐赠土地、房舍和金钱的现象日益普遍，人们把这种捐献看成是拯救灵魂的一种手段，并力图通过这种方式显示自己信仰的坚定，从而增加灵魂获救的几率。

修道院的建立者首先是国王，法兰克王国的墨洛温王朝和加洛林王朝，在卢瓦河和马斯河之间，特别是在巴黎盆地的王室领

中世纪修道院往往都会获得土地、房舍、金钱的捐赠。

地上，建立了众多的修道院。它们作为王室的修道院被纳入统治体系。而修道院有义务为王室成员的灵魂拯救祈祷，如康拉德一世命令他的威尔布尔克修道院，为他的父亲和加洛林的国王们举行纪念祷告。

贵族们也在自己的领地上建立了“家族修道院”。布洛涅修道院是领主格拉德的私有修道院，他就是修道院的院长。克吕尼修道院的建立者是阿奎丹的公爵虔诚者威廉一世，他放弃了修道院职务，却保留对它的司法监控权，同时也是修道院的世俗保护者。通过这种方式，修道院被进一步统一在贵族的领域里：贵族给予大量馈赠，把他的家庭成员作为世俗兄弟（即皈依者）安置在修道院里，而修道士有义务为捐赠者及捐赠者家人祈祷。9世纪末期，林蒋高伯爵乌达尔里希建立了阿道尔夫修道院，修道士每天做三次弥撒，每周为其家族已故者颂三次赞美诗，还要为活着的家族成员的灵魂做一次弥撒。（汉斯－维尔纳·格茨：《欧洲中世纪生活》，王亚平译，东方出版社，2002年，75页。）此外，还要单独为那些平时捐赠的人祈祷。修道士的虔诚为富人们利用。一些大修道院还附设有常备的济贫室：修道士做弥撒来纪念某个已故者，同时分配给穷人食物。为穷人提供膳食是纪念逝者的内容之一。

修道院的女执事们。

富人们修建修道院，馈赠修道院，有时则放弃个人财产，至少把一部分财产赠送给修道院而进入修道院成为修士，因为人们相信玛丽亚会亲自为修道士擦去额头上的汗水。公元747年丕平一世的兄弟、法兰克王国的卡尔曼，放弃了世俗的一切，进入蒙特卡西诺修道院，成为一名修道士。他希望能通过过普通修士的生活而获得灵魂的得救。同时，贵族们馈赠修道院，为死后灵魂的得救找到了一块接近上帝的墓地。萨克森公爵留道夫家族建立了甘德斯海姆修女院，留道夫死了之后，他的妻子住进了修道院，成为院长，并在此养老，随后她的三个女儿以及一名亲戚分别担任了该院院长，死后安葬在此，甘德斯海姆修女院因此建立了留道夫、奥达等一家人（包括其亲戚）的家族墓地。（汉斯-维尔纳·格茨：《欧洲中世纪生活》，王亚平译，东方出版社，2002年，81页。）

有的贵族则为了避免遗产的再次分割或为了不想出嫁的女儿们的将来着想而馈赠修道院，把修道院作为子女的“寄养所”。修道院接受贵族的保护与馈赠，与此同时，他们自然要听任捐赠者将其家族成员安排进修道院，成为死后能获救的修道士。

因而有了越来越多的修道士出身贵族，他们一出生就进了修道院，甚至一些修道院只接纳贵族成员。

在富尔达修道院，几乎82%的捐赠者的名字是作为修道士的名字出现的。（汉斯-维尔纳·格茨：《欧洲中世纪生活》，东方出版社，2002年，96页。）一般来说，中世纪一些重要的修道院（当然也有例外）几乎都被贵族占据，有时，一个修道院里修道士的名字隔了几代还不断地重复出现，这无疑说明了这个家族世世代代将其成员送进了这家修道院。

除此之外，一些贵族大量馈赠修道院或建立修道院，从而为其将来入住修道院安享晚年做了充足准备，修道院成了“养老院”。贵族们在壮年时捐建修道院，等上了年纪，把家族事务移交给子女，然后，这些年老的捐赠者连同妻子搬进了修道院，成为修道士。在这里，他们衣食无忧地等待死亡来临，安享晚年（在当时，除了家庭没有其他的养老方式），同时，他们过着朴素的修士生活，而这种宗教生活能够为他们灵魂的得救增添更多的机会与可能。

由此看来，富人们想方设法寻求途径拯救自己的灵魂，他们救济穷人、馈赠教会与修道院，实则是为其通向天国寻找梯子，并以此来表达对上帝的虔诚，而非出自对穷人的爱与关怀。

教会：社会救济的主体

中世纪的欧洲，人们几乎处于一个相对孤立、封闭的状态，但精神上人们却是相通的，即对基督的信仰，整个欧洲由一个统一机构——教会联系起来。如果一个人不接受洗礼，意味着这个人被排斥在社会之外,而任何一个人一旦被逐出了教会也就等同于同时失去了自己在政治和法律上的权利以及一定的社会关系。因而,教会在中世纪的欧洲显得尤其重要,不仅仅体现在为欧洲人提供了精神信仰,还在于正是教会为那些心灵备受煎熬的人们提供了避难所,为其死后灵魂得救提供了帮助;正是教会为贫困的人们提供了各种公共服务与救济,成为弱势群体寻求安慰与帮助的所在地。而修道院作为教会的一部分,它也承担着灵魂关怀、救济穷人、照顾病人的责任。

临终弥撒:灵魂关怀的最终体现

教会的教士、修道院的修士每天花大量的时间用于祷告、做弥撒,不仅为自己也为贵族、国王以及所有教徒祈祷。除此之外,教士、修士更关心教徒们的灵魂得救,指导和约束教徒恪守宗教戒律。教士们强调上帝的眼睛无所不在,教徒们应时刻遵循上帝的旨意生活,而教士、修士则负责为这些灵魂祷告。为临终者做临终弥撒是这种灵魂关怀的集中体现。

中世纪教士进行弥撒、圣餐礼的情景。

在整个中世纪,甚至直到十八九世纪,教士是临终者床前的中心人物,为临终者抹下安慰、怜悯和希望之油,使临终者得到心灵安慰,灵魂得以进入天堂。18世纪之前的法国,"死亡是生命的中心,正如墓地是乡村的中心",(John Mc Manners, *Death and the Enlightenment*, Clarendon Press, Oxford: Oxford University Press, New York, 1981.P.5.)死亡随处可见。“一个基督教徒考虑的应该是什么呢?是好好地为死亡做准备。”(转引自John Mc Manners, *Death and the Enlightenment*, Clarendon Press,Oxford University Press,New York,1981,P.191.)死亡是上帝对人类的惩罚,也是上帝恩赐的迈向救赎的一种可能,因而,当死神来临时应带着服从上帝意愿的情感面对并愉快地接受死亡。所以,对中世纪的人们来说,死亡并不可怕,可怕的是不能为死亡做好准备,好好地迎接死亡。因此,教士在平时布道中经常讲述圣徒是如何面对死亡的,以此来为教徒们树立榜样,帮助教徒们做好准备迎接死亡。到17世纪末,法国出版的书籍中有关“死的准备”的书籍约占总数的5%,即20本书中就有一本是关于临终准备的。(米歇尔·沃维尔:《死亡文化史》,高凌翰,蔡锦涛译,中国人民大学出版社,2004年,237页。)书籍中给出了基督、圣徒死去的事例作为仿效,要求信徒们在朋友、熟人临终时拜访他们,并参加葬礼,想象死亡。“善终,这是人们最重大最重要的行为。”(转引自John Mc Manners, *Death and the Enlightenment*,Clarendon Press,Oxford University Press,New York,1981,P.191.)为死做准备是为了更好地来到基督身边。

然而,救赎依赖于死者生前的所作所为,也依赖于灵魂在它最后时刻的意向。一个人在临终时刻的意向可能会决定他永久的命运:一个一生圣洁的人可能会因为一次单一的道德罪恶而沦为被咒者,得不到永生;而一个行为放荡的人可能会因为最后的忏悔而得到拯救,因为“一次单一的表达对上帝的爱能冲淡一生的罪”。(John Mc Manners,*Death and the Enlightenment*,P.191.)当临终者忍受着病痛,只身面对死神时,他们难免感到茫然与恐惧,害怕在临终时刻意志不坚定而落入了魔鬼的圈套,堕入地狱。这时,教士作为基督的代言人来到临终者床前,为临终者带去安慰与希望。

教士为临终者举行临终赦免仪式，接受病人的忏悔,授临终圣餐和行临终敷油礼。这样一来，只身面对死神的临终者受到来自教士、堂区居民的关怀与帮助，不再感到恐慌，不再感到孤立无助,从容面对死亡;而教士的临终仪式则为临终者抹下了怜悯与希望之油，使临终者得到临终关怀,坚信自己能够进入天堂。在此过程中,所有参加临终仪式的堂区居民则再一次坚定了信仰,其灵魂因着临终者勇敢接受死亡而更靠近天堂,靠近上帝。

教士从教堂拿着圣油和圣餐来到病人家里,一路上摇晃铃铛,堂区居民听到铃声便会追随教士来到病人家里,塞满临终者的房间,帮助其坚定信仰，回到主的怀抱。

救济穷人:教会当仁不让的责任

教会与修道院继承基督救助穷人的传统,当仁不让地承担起救济穷人、帮助弱者的责任,并理所当然地将之视为自己应尽的义务，以宣扬并实践上帝的仁爱与怜悯。

教士、修士严格要求自己,自称为基督穷人。神职人员享有一定的特权,他们无需交纳赋税,触犯了法律可由教会审判而不是世俗法庭,同时,他们还接受大量捐赠,拥有大量的土地与财产,但教士、修士们自称为基督穷人,过着相当有节制的宗教生活。实际上,神职人员被要求“放弃个人财产、禁欲、绝婚、缄默、服从、谦恭、友善、唱赞美诗、做礼拜和弥撒、祈祷、参加体力劳动”。(王亚平:《修道院的变迁》,东方出版社,1998年,59页。)因而,几乎所有的神职人员顺从于安定，将自己完全融入教会、修道院的集体生活,每个神职人员都禁止敛财,减少说话,无私地服从。他们每天的生活就是祈祷、睡觉以及脑力、体力劳动,如阅读、布道、耕种土地、垦荒造田、挖掘灌渠、营造树林，严厉禁止无节制地饮食与贪图享乐，崇尚禁欲苦行、幽居独处。

救济穷人、帮助弱者，是教会当仁不让的责任与义务。照顾、帮助老人、病人、弱者本是家庭的责任与义务，但有时家庭无力承担这一切，教会、修道院继承基督救助穷人的传统，理所当然地将之视为自己的责任。很多教会、修道院以从事慈善事业而著称，如圣加罗的圣马利亚教堂和斯卡拉的圣马利亚教堂，主要收留病人和弃婴，一些修道院则每天向穷人施粥。而绝大多数教会固定地将其一部分收入用于慈善救济，如公元511年奥尔良公会强调贡献教会收入的1/4，兴建上帝之家、救济院等收留穷人、病人、孤寡以及婴儿等。再比如：宗教改革前英国教会什一税的1/3用于慈善事业，建有110座养育院、2374个施物所，共救济穷人近9万人。（彭迪先：《世界经济史纲》，生活·读书·新知三联书店，1949年，104页。）在法国，教会往往要贡献教会收入的1/4或1/3用于施舍救济。本笃会修道院则专门指定一位一品修士，“一般来说，此人掌控着修道院十分之一的收入”，（若兹·库贝洛，曹丹红：《流浪的历史》，广西师范大学出版社，2005年，7页。）由他把所需的生活资料分给“那些流浪者或是那些前来领取传统施舍物的人”，真正的穷人甚至可以享受长久的施舍；而在克吕尼修道院，“这些施舍甚至能花去修道院收入的1/3”。（若兹·库贝洛，曹丹红：《流浪的历史》，广西师范大学出版社，2005年，7页。）教会、修道院成为中世纪西方社会中穷人、流浪汉等最大的庇护所。

另一方面，修道院为朝圣者、穷人等提供住宿与饮食。在修道院门前“总是坐着一位虔诚的、敬畏上帝的兄弟，接待所有过往的来客、朝圣者和穷人，友好而又和气得像基督本人一样，首先领他们走进祈祷大厅，然后带他们去客房，再后为他们洗脚，谦恭地帮助他们做所有的事情。”（汉斯-维尔纳·格茨：《欧洲中世纪生活》，王亚平译，东方出版社，2002年，80页。）在规定的日子里，穷人从修道院得到膳食和给养，可以在那里洗澡、刮脸，有时还能得到食物。本尼迪克修道院甚至规定："接待所有的客人都应该像接待基督一样……要向所有的人表示应有的敬意，特别是对信仰者和朝圣者。"公元937年，施瓦本的一个领主赠送给高卢修道院土地，用于"供养外来人"，目的是为了他能在那里居住，有吃有穿，一直到去世。他每年有一件亚麻布的上衣和一件羊毛织的衣服，第三年有一件大衣和一双鞋。（汉斯－维尔纳·格茨：《欧洲中世纪生活》，王亚平译，东方出版社，2002年，81页。）

教会、修道院将大量的馈赠与固定的一部分收入用于救济穷人、帮助弱者，承担起了社会救济的责任，用实践宣传了上帝的博爱与仁慈。

照顾病人：教会的另一种社会责任

中世纪，凡是能提供医生和有医药知识的地方，都是在教会、修道院中，尤其是修道院，那里有种植草药的园圃，可以提供必要的救治药品。

教士、修道士除了关心人们的灵魂拯救、为贫困之人提供救济与帮助之外，还负有照顾病人的责任。病人可以在教堂、修道院附设的医院中得到照顾，病人的住宿条件与穷人的相同。

照顾病人是教会、修道院慈善事业的一项重要内容，是基督教的"七大善功"之一。早期的医院既是医疗机构又是慈善机构，其最初是教堂、修道院的附属机构，主要由教士和修女负责，这种情况一直延续到19世纪早期。我们从修女规范的日常登记簿中可以得知，修女们独立承担照顾病人的所有事务，而让志愿的初学者、妇女前来协助其他的繁重工作。直至19世纪，巴黎主宫医院的修女们还不断地收容无家可归者和饥饿者，用大量的食物喂食病人，并雇用了实际上毫无用处的仆人。（John Mc Manners, *Death and the Enlightenment*,

Clarendon Press, Oxford University Press, New York, 1981, p.31.)

医院，“是让上帝最高兴的事情，是人类完成的一个最虔诚和值得颂扬的工程……对国家和基督的穷人都有益”。(E. 魏尔希:《文艺复兴时期米兰的艺术与权威》，117~166页，转引自刘明翰主编，王挺之，刘耀春:《欧洲文艺复兴史·城市与社会生活卷》，人民出版社，2008年，317页。)起初，医院作为教堂、修道院的附属机构主要用来照料年迈的教士、修士，后来用于照料“基督的穷人”，即老人、寡妇、孤儿等弱势群体，因而，医院成为收容穷人、老弱者、孤儿甚至妓女、疯子的地方，医院从而担负着各种社会救济功能，是一慈善机构。而这样的慈善机构几乎在欧洲每个城市都能看得见，一些发达的城市，像意大利米兰、热那亚、威尼斯、佛罗伦萨，法国巴黎、英国伦敦等，拥有大量的医院且具有一定的规模，这些机构更多的是从事慈善事业而非只是医治病人。比如说，1338年，佛罗伦萨拥有30家医院，其中只有7家专门治疗病人，余下的则是用于各类慈善事业。下表反映的是15世纪早期佛罗伦萨“医院”的使用类别：

15世纪早期佛罗伦萨的“医院”

类别	数量	所占百分比(%)
病人	7	21.2
“基督的穷人”	8	24.2
职业团体	6	18.2
妇女	5	15.1
孤儿	3	9.1
朝圣者	2	6.1
教士	2	6.1
合计	33	100

本图表选自：L.Granshaw & R.Porter ed., *The Hospital in History*, *London*, 1989, p.72, 转引自刘明翰主编，王挺之，刘耀春：《欧洲文艺复兴史·城市与社会生活卷》，人民出版社，2008年，313页。

从上表可以看出，这些机构中用于治疗、照料病人以及照看“基督的穷人”即弱者所占比例最大，而治疗、照料病人跟收留“基督的穷人”是免费的，分文不取，费用由医院承担。圣吉罗医院每年要花费25000斯库多照料病人。（Grell O.Grell et al eds,. *Health care and Poor Relief in Counter-Reformation Europe*, Londen 1999, p.60.）而有些“医院”则专门用于照顾贫穷的妇女。比如1372年在佛罗伦萨成立的奥尔巴泰养济院，里面住的主要是年迈的寡妇。在所有这些“医院”或称养济院中，最为突出的还有“育婴室”，专门收留孤儿、弃婴，为他们提供饮食、衣服，并传授给他们一门足以谋生的手艺。“育婴室”和“新圣马利亚医院”甚至成为佛罗伦萨“这个崇高的共和国及其自由的两大坚实支柱”。（刘明翰主编，王挺之，刘耀春：《欧洲文艺复兴史·城市与社会生活卷》，人民出版社，2008年，315页。）“新圣马利亚医院”是佛尔科·波尔蒂纳里于1288年在佛罗伦萨创建的一个慈善机构，最初只有12个床位。之后其规模不断扩大，全盛时拥有230个床位，是当时佛罗伦萨最大的医院。该医院的装饰大量地表现了“作为医生的基督”，其工作人员则被要求关注病人灵魂的健康。

实际上，中世纪，甚至十八九世纪之前的医院不仅仅是治疗人的身体，更重要的是关注病人的灵魂，因而医院往往设有病房礼拜堂，是专门为那些处于弥留之际的病人准备的。“当一个病人即将死亡时，我们将在其面前摆放一个基督被钉死在十字架上的图像，一个护士守护在他的身旁，一直寸步不离地陪伴在他身旁，并给他阅读教义、基督受难的故事及其他宗教书籍。当他咽气之后，负责殡仪的护士和助手走进来，他们把死者从床上抬下来，用麻布裹好，放置在病房中央的一个停尸台上，礼拜堂就在那里，在死者的头上放一个蜡烛，在他的脚上放一个灯盏，在事先指定的时刻，响起了铃铛声，一个手持十字架的教士走进来。两个俗人兄弟会成员举着两个火把，其他一些人把尸体抬到将要举行葬礼的教堂。”(J.亨德森:《治疗身体和拯救灵魂:文艺复兴时期佛罗伦萨的医院》,载《文艺复兴研究》第15卷,2001年第2期。)在医院里,医务人员以及病人在宗教节日时还会邀请神职人员前来主持宗教仪式,如翁热的圣约翰医院传统上会在上帝节日这一天举行圣餐仪式。(Thomas A Kselman, *Death and the Afterlife in Modern France*, Princeton University Press, 1993.p.98.)真正意义上的专业化医院一直要等到十八九世纪才出现,在这之前的“医院”几乎无一例外既是医疗机构又是慈善机构,或者更确切地说是附属于教会的慈善机构,是其“宗教虔诚”的体现。

教会正是通过安慰临终者,关心教徒灵魂拯救,以及为贫困之人提供衣食与住宿,为病人提供照料与医治,从而继承了基督教救助穷人的传统,承担起社会救济责任,并以这种方式宣扬、实践着上帝的仁慈与爱,向上帝表达自己的虔诚与敬奉。

其他形式的社会救济团体

中世纪早期,教会承担了绝大部分的社会救济责任,而兄弟会、行会等社会团体在早期社会救济方面也发挥了不可取代的作用。

兄弟会:世俗居民的慈善团体

兄弟会是中世纪城镇世俗居民中最为普遍的宗教组织,几乎每个城镇都会有大大小小规格不一的兄弟会,尽管各地称呼不同,但其功能大体相同:主要是为了宗教目的而成立,并把宗教理解为一种以社会关系为核心的生活体验。因而,兄弟会表达其宗教虔诚很大程度上体现在他们积极从事慈善事业上,且施舍对象非常广泛。

哈巴狗兄弟会。

兄弟会本身的成员非常复杂，既有富人又有穷人，分别来自不同的阶层。比如说，圣保罗兄弟会成员的职业达36种，从商人、银行家、公证人到画家、雕塑家，从面包师、鞋匠到毛纺织工人各种职业都有。（坚尼·布鲁克尔：《文艺复兴时期的佛罗伦萨》，朱龙华译，生活·读书·新知三联书店，1985年，291页。）兄弟会有各自的组织原则、活动仪式以及会员的行为准则，且其内容大多数源自《圣经》。尽管各兄弟会的具体要求不同，但其总体精神却是相同的：避恶趋善，慷慨救济。因而，几乎所有的兄弟会都道德规范严谨，紧密合作，他们筹措资金建立并管理救济院、提供饮食与教育、支付抚恤金等，开创了原始的社会福利形式。

第一，为穷人提供饮食。圣·马利亚·彼埃塔兄弟会要求该会成员每个周末都要向该会负责救济的穷人发放面包和酒，为穷人捐赠衣衫等。同样的，佛罗伦萨的“慈悲圣母马利亚会”规定该会成员每个周末要向穷人分发面包和酒。该会会章明确规定：“我们特此规定联络人员应调查确定住在城内和郊区的穷人，并把他们分派给我们的每一位兄弟，对每一个穷人应每周给予三片面包和一杯葡萄酒，如果联络人员不能把应由兄弟们分配给穷人的赈济品至迟在礼拜六正午之前准备停当，他应罚款4迪纳里，从礼拜天下午三点到礼拜天晚祷之时，至少要有一名联络人员始终值班在位，以便把赈济品交给归他们分发的每位兄弟，每位兄弟拿到赈济品后在离开之前应标明他负责分发的穷人姓名，使大家知道某人已被走访赈济，某人尚未得到赈品，这样可以避免有的人会得到双份，而有的人一无所得。”（刘明翰主编，王挺之，刘耀春：《欧洲文艺复兴史·城市与社会生活卷》，人民出版社，2008年，281页。另参见布鲁克尔：《文艺复兴时期的佛罗伦萨》，朱龙华译，生活·读书·新知三联书店，1985年，292页。）锡耶纳的圣约翰兄弟会甚至给囚犯发送食物，在他们看来，囚犯跟穷人一样属于弱势群体，需要社会的宽容与帮助。

第二，照料弱者，照看病人。各兄弟会没有固定的施舍对象，相反，施舍对象非常广泛，主要针对社会中的弱势群体。根据佛罗伦萨圣米凯莱兄弟会的一份施舍清单记载，接受施舍的对象涉及伤残病人、多子女的寡妇、孤儿、待嫁的穷家姑娘、从良的妓女等。（王挺之：《意大利文艺复兴时期的城市宗教生活》，载《历史研究》，1996年第5期。）而照看病人、掩埋死者尸体则是兄弟会另一项重大的慈善事业。佛罗伦萨的慈悲大兄弟会专门照料病人，掩埋死者；波洛尼亚的鞭笞派兄弟会开办的养济院则关注病人和即将死的人。有些兄弟会甚至把目光投向了罪犯和死囚，为他们提供帮助。在兄弟会成员看来，罪犯、死囚也是不幸的人，是渴望得到帮助与宽容的。因而，这些兄弟会成员常常前往探视罪犯和死囚，为他们带去安慰，陪同死囚走完人生的最后一段路程，让死囚知道他们并不是孤独的。这其中以佛罗伦萨的黑衣兄弟会和慈悲兄弟会、锡耶那的施洗约翰兄弟会、罗马的圣德科拉托兄弟会等为代表。有些兄弟会，如圣·马利亚·彼埃塔兄弟会，甚至会空出一部分兄弟会资金，用于赎取公社监狱中的囚犯。

第三，为过往的旅客，尤其是朝圣者提供住宿。朝圣是中世纪宗教生活中一件非常重要的事情，每年都有大量虔诚的信徒徒步前往朝圣地朝圣，而不少商人则追随着朝圣者的步伐进行交易。因而，各地修道院基本上都会设专人负责照料朝圣者及过往商旅,各地兄弟会则专门设立"善堂"为朝圣者、过往的商人提供住宿与饮食,有时则只是提供临时的栖息处。所有这些做法给旅途劳累的朝圣者、商人以家的温暖。

第四,为贫穷的姑娘筹集嫁妆。中世纪,甚至文艺复兴时期,一个女性的命运不外乎三种:要么出嫁为人妻,要么进修道院当修女,要么成为妓女。家庭作为社会的基本单位,受到教会以及政府部门的重视,绝大多数情况下,社会支持并鼓励女性出嫁成为人妻人母。如果一些女性因为实在筹集不到足够的嫁妆而不能出嫁,那么这些人一般在家长的安排下进入修道院成为修女,但事实却不是很乐观。尽管很多城市建有专门的女修道院,且数量不少,但并不是所有申请者都能顺顺当当地进入修道院成为修女。如佛罗伦萨附近的小城佩西亚,人口只有6000人,城里建了4座女修道院,一座是创建于12世纪的圣米凯莱修道院,一座是建于15世纪90年代的圣基亚拉修道院,16世纪又创建了新圣马利亚修道院和圣母修道院,这4座修道院一共容纳了200多名修女,但依然无法满足人们的需要,很多想要进入女修道院的女性的申请遭到拒绝,大约在4个申请者中,只有一名幸运儿进了修道院。佩西亚城市政府不得不规定,这4座女修道院一律不准接纳外地女性。(刘明翰主编,王挺之,刘耀春:《欧洲文艺复兴史·城市

中世纪欧洲市民生活。

与社会生活卷》,人民出版社,2008年,274页。)于是,那些既无力筹集足够嫁妆又遭修道院拒绝的女性,以及家境极其贫穷的女性就极有可能堕落成为妓女。因此,帮助一名少女出嫁或进入修道院被看成一件重大的善举,这往往由兄弟会来承担,而且此传统一直延续到16世纪,并有所扩大。如17世纪早期,罗马的圣安伦齐亚塔·德拉·米内尔瓦兄弟会每年提供3000笔嫁妆,(C.Black, *Church, Religion and Society in Early Modern Italy*, P.142,转引自刘明翰主编,王挺之,刘耀春:《欧洲文艺复兴史·城市与社会生活卷》,人民出版社,2008年,311页。)帮助贫苦人家的女儿顺利出嫁。

兄弟会正是通过这些慈善事业来显示对上帝的虔诚与敬奉,其慈善事业带着浓厚的宗教目的。但由于所有的兄弟会成员都广泛地参与社会事务,而没有关于施舍细则方面的规章制度,有时,慷慨的兄弟会会被一些腐败分子利用。甚至有人如此讽刺道:“许多人加入兄弟会并不是为了祈祷,也不是为了服务于圣母马利亚;他们只是想从兄弟会的财产中揩点油。”(R.N.Swanson, *Religion and Devotion in Europe*, c.1215-c.1515, Cambridge University Press, 1995, p.122.)这样一来,兄弟会本身的宗教性与神圣性受到一定的削弱,更重要的是,用于慈善事业的资金相对应地减少了。

行会:城镇居民的慈善组织

十一二世纪,欧洲社会出现了一种新的社会因素:城镇的发展及其所带来的行会组织。行会遂成为中世纪早期慈善事业中一个不可替代的福利组织。

从11世纪开始,欧洲城镇获得了快速发展,大部分城镇拥有一个由各个商业组织代表组成的城镇议会。城镇议会负责征收税费及市场管理费,监视城墙和道路的修复工作,惩罚破坏法律者。同时,城镇还建设学校、医院、大教堂,建立慈善机构,为贫困人们提供帮助等,以此加强城镇居民的地方集体主义情感,将他们牢牢地团结在一起。因为“我们要像帮助兄弟一样帮助我们身边每

行会大楼。

一个需要帮助的人”。（安妮·弗里门特：《信仰时代》，刘毅译，中国言实出版社，2004年，93页。）这当中，同业行会发挥了重要的作用。

同业行会是城市经济生活中一个十分重要的组织，城市中的居民大多属于行会，几乎每个行业，包括商人、旅店老板、公证人、画家、雕塑家、印刷商、银行家、铁匠、面包师等都有自己的行会。行会的首要目的及主要作用是努力维持其成员谋生的权利和机会，保护传统与维护垄断权。比如说，行会保护会员免遭过度竞争、失业、生产过剩、中间人操纵以及投机者和剥削者的盘剥，使会员与行东在生产和分配方面维持某种平衡，确保工资不会突然发生大的变动，使帮工工资与行东所得收入差距不至于过大。除此之外，行会从事慈善活动，发挥着重要的救济职能，是早期社会重要的社会救助组织。他们救济孤儿寡母、老弱病残，有时还会为穷困潦倒的成员要出嫁的女儿筹备嫁妆，组织行会成员的婚礼、葬礼等。

行会成员间制定了许多严密的契约，相互扶助，救济贫困。比如说，英国林里吉斯圣三一行会规定：行会负责人有义务每年至少四次访问所有衰老、缺乏衣食以及贫困的成员，并对其提供救济，任何陷于贫困的成员可以根据其需要的紧急程度，分别从本行会的货物、款项及其他收益中获得生活所需救济。而且规定任何会员在本地或外地死亡时，行会会长接到消息后，都要命令举行一个庄严的弥撒仪式为死者祈福，而所有当时在本地的会员都应前来吊唁。（金志霖：《英国行会史》，上海社会科学院出版社，1996年，62~64页。）很多行会章程都明确规定了行会有义务为生病、贫困或死亡的成员提供帮助。布里斯托成衣商行会决定设立一笔储备金，这笔储备金向生病的贫困会员提供每周12便士的救济；伦敦的鞣皮匠行会则不仅向老年和生病的贫困会员提供每周7便士的救济，而且规定被救济者死后，如果其妻子是一个正派的人，又没有再嫁，则行会负责每周给其7便士用为救济；南安普敦商人行会章程则更为细致，规定当两名指定人员前往探视患病会员时，他们必须为病人送去两个面包、一加仑酒和一盘熟食，而该患病成员死后，所有在本城的会员都应当参加为死者举行的宗教仪式，死者遗体停放在家中的那个晚上，死者所在区必须有会员前往守护，所有会员应将死者遗体送到墓地下葬。丹麦一个行会章程规定："如果一个成员的房子被烧掉了，或者他的船遭了难，以及他在朝圣的旅途中遇了不幸，那么所有的成员都必须帮助他。如果一个成员患了重病，就必须由两个成员在床边看护他，直到他脱离危险；如果他死了，所有成员必须把他送到教堂的墓地里去埋葬……在他死后，如果需要的话，他们还必须抚养他的子女，而他的寡妻则时常成为行会的一个姐妹。"（克鲁泡特金：《互助论》，李平沤译，商务印书馆，1997年，158~159页。）也就是说，如果一个行会成员变得贫穷或是虚弱，其他成员就要经常去拜访他，为他带去用行会利润购买的衣服和食物；如果他生了病，行会就会指定其他成员去看护他；他去世后，所有的行会成员必须为他的灵魂祈祷；会员的债务由行会的资金来偿还；为会员的女儿准备嫁妆；为他的葬礼提供经费并援助他的遗孀等。另外，一些富裕的行会会员死后则将其财物捐赠给行会公共基金用于救济。格洛斯特织匠行会曾收到一笔40英镑的会员遗赠，该行会将其用为贷款，每年贷给那些贫困的会员，帮助他们摆脱困境，年底再回收这笔贷款。行会还举行大型宴会，在圣徒纪念日进行庆祝活动，组织盛会以及游行，为成员提供参加社交活动的机会等。而对于需要长途跋涉的商人来说，商人行会则显得更为重要。商人行会组织旅行商队保证商人旅途上的安全，他们可以更好地避开拦路的强盗，还可以帮助他们从途经的领地贵族那里得到路费的优惠。同业行会正是通过这些方式发挥着重大的社会救济职能，尽管行会契约规定援助的对象为本行会成员，然而，城镇里绝大多数居民隶属于不同的行会组织，因而，行会救济的对象实则上很广泛。

综上所述，在中世纪，欧洲业已形成了相对完善和活跃的社会救助体系，其中教会以及各种宗教的、世俗的市民团体扮演了重要的角色，施舍穷人，帮助弱者，体现了人与人之间朴素真诚的关爱与互助，其在一定程度上减少了社会冲突，增强了城市社会的整合。然而，不论是教会还是个人施舍抑或社会救济团体的救助活动大多遵循基督教的价值观念，把慈善事业视为宗教虔诚的一种表达，即具有强烈浓厚的宗教色彩。慈善救济活动是表达对上帝的虔敬，是遵从上帝的意志，为神服务，而并非真真正正从人的需要出发，以人为本。

中世纪早期的社会救济充其量只是一项宗教事务，是富人与穷人之间互惠互利的交易。

第三章　中世纪晚期：虚假的社会福利

中世纪晚期，人们看待穷人的目光开始变得严厉起来，社会对待穷人的态度开始强硬起来。人们区分了真假穷人，真穷人依然可以得到救助，然而，假穷人则遭受驱逐、镇压甚至禁闭，被关进收容所，与社会隔离开来，从而达到维持社会秩序井然的目的，社会福利开始变味。

真穷人的无奈与假穷人的伎俩

周而复始的瘟疫、战乱、天灾使许多农民境况悲惨，他们开始背井离乡，到处流浪，乞讨为生。有些人甚至佯装残疾、生病骗取人们的同情，有的则明目张胆地干起偷窃、抢劫的行当，所有这些使流浪者成为人们厌恶的社会扰乱分子。社会看待穷人的目光严厉起来，而面对假穷人的伎俩与社会态度的改变，真穷人备觉无奈，遭受着池鱼之殃。

大鼠疫带来的恐慌

自14世纪中期以来，瘟疫以迅雷不及掩耳之势扩散到整个欧洲，无情地袭击其所到之处，给欧洲造成不可估量的损失。

“主诞生后的1348年”，巴雷日地区圣马丁教堂的本堂神父

黑死病肆虐欧洲。

贝尔纳·德·卡拉维尔叙述道:“一种腺病传播开来……四人中有三人因染上这种病而死亡,人口只剩下最初的四分之一。”[Le Nail(J.-F.),*Bigorre et Quatre Vallées*, Soviété Nouvelle d'Editions Régionales et de Diffusion,Pau,1981,p.68,转引自若兹·库贝洛,曹丹红:《流浪的历史》,广西师范大学出版社,2005年,34页。]腺病的症状是脖子、腋窝或腹股沟处出现肿块,即淋巴结炎,并且伴有肺鼠疫。后者因感染者尸身泛黑俗称“黑死病”,此病可由人们讲话或咳嗽时喷出的飞沫传播,导致喉咙和肺部发炎,并且很快引起死亡。尽管人们已经能够区分两种鼠疫的症状,但依然对其是束手无策,听任其肆虐整个欧洲。薄伽丘在《十日谈》中描述了黑死病给当地社会造成的灾难:

1348年,意大利城市中最美丽的一座城市,也就是繁华的佛罗伦萨,发生了一场可怕的瘟疫,佛罗伦萨丧钟乱鸣,尸体纵横,人心惶惶,到处呈现一片令人恐怖的景象。这场瘟疫很快传开来,真是一传十,十传百,而且不仅是人与人之间传染,甚至是人类以外的牲畜,只要一接触到病人或是死者的东西,也会立即染上这种病,过不了多久也会一命呜呼,而且这种情形屡见不鲜……就这样,城里面的人们竟然你回避我,我躲开你,街坊邻居,各不相顾,亲戚朋友,断绝往来,这场瘟疫使得男男女女各个人心惶惶,竟至于哥哥舍弃弟弟,叔伯舍弃侄儿,姐妹舍弃弟兄,甚至妻子舍弃丈夫也是常见的事。最令人伤心的和难以置信的是,连父母都

《十日谈》里的主人公在讲故事。

不肯照顾自己的子女，好像这子女不是他们所生养似的。（薄伽丘:《十日谈》,方平,王科一译,上海译文出版社,1993年,8~11页。）

另一位编年史家同样记载了瘟疫所造成的恐慌情景：

5月,锡耶那大规模地死人,实在是太恐怖了……父亲抛弃了子女,妻子抛弃了丈夫,兄弟抛弃了兄弟。只要看上一眼,或呼吸一下空气都会染上瘟疫,人们纷纷死去。死者也无法得到埋葬,钱财不再管用,往日的友谊也被抛诸脑后。家人把死去的亲人丢弃在远处的沟渠里,没有人让神职人员替他们做法事,也没有人为他们敲响丧钟,人们在锡耶那的一些地方挖掘了一些大坑,把尸体填埋在里面,每天每夜都有数百人丧命,每向死人坑里抛下一具尸体,就在尸体上盖上一层土,一旦死人坑填满了,就再挖掘新坑……人们发现,在瘟疫期间的锡耶那,约有3.6万名年龄在20岁左右的年轻人丧命。加上老年人和其他年龄段的人,总共约有5.2万人死去。在锡耶那郊区约有2.8万人丧命,这样,在锡耶那城和郊区,总共死亡了8万人,在这一时期,锡耶那城及其郊区只剩下3万人,城

内的人口不足一万人，有幸活下来的人都陷入深深的绝望，变得麻木不仁。[Kohl,B.(ed),*Major Problems in the History of Italian Renaissance*,D.C.:Heanth and Company,1995,pp. 49-50.]

在其他地方情况也大致差不多，一个感染了瘟疫的病人会让全城人跟着遭殃，城市和城堡成了死城，到处都是可怕的叹息声、呻吟声和哀号声。

瘟疫夺走了大量的人口，面对这场灾难，社会上出现了疯狂的生育浪潮。“剩下的男女一批批地结了婚，幸存的女人生育无度。世上没有哪个女人不生的。到处都是挺着大肚子的女人。她们有的一生就是两个，有的一生就是三个。”（若兹·库贝洛，曹丹红：《流浪的历史》，广西师范大学出版社，2005年，36页。）然而，到世纪末，一半的人口又消失了。1390年，诺曼底的人口几乎不到1300年的43%。（若兹·库贝洛，曹丹红：《流浪的历史》，广西师范大学出版社，2005年，36页。）瘟疫反复无常地、大面积地袭击各地，事实上，在一个半世纪里，几乎没有一个城市不被瘟疫先后侵袭过十来次。

而这个时期，法国却还硝烟弥漫，卡佩家族与金雀王室的旧冲突发展成为了一场旷日持久的战争，即“百年战争”。战争使很多村庄成为荒芜之地，备受打击的农民不得不到处流散。与此同时，贵族带领的马队则不时地侵袭各村庄。比如说，1355年10月至11月，“黑太子”率领马队从波尔多出发，一路偷鸡摸狗向图卢兹进发，在蒙日斯卡尔虐待与杀戮妇女、儿童之后，又将卡尔卡松洗劫一空，然后直达纳伯讷，最后又经利穆返回，其所经之处一切都被毁灭：土著、村庄、庄稼和牲畜。（若兹·库贝洛，曹丹红：《流浪的历史》，广西师范大学出版社，2005年，56页。）除了遭受马队的威胁之外，还有法国的、英格兰的、阿尔马尼亚克的、纳瓦拉和勃艮第等团伙频繁的敲诈勒索，以及休战时期武装骑兵、雇佣军不间断的抢夺。

经过瘟疫的肆虐，军队、马队、犯罪团伙等的扫荡、敲诈以及抢劫之后，很多村庄变得毫无生机，有的地区甚至已无人烟。大量贫困的农民，或者无家可归，或者成为一无所有的流浪者，涌向了大城市，成了人们心目中生性懒惰、道德败坏、威胁社会稳定的危险分子。人们开始区分“真穷人”与“假穷人”。

真正的穷人与无益世界的人

瘟疫、战乱等造成了中世纪晚期社会大恐慌，使得大批农民被迫走上流浪的道路，给整个社会带来了威胁，人们看待穷人的眼光开始发生变化，开始区分“真穷人”与“假穷人”。

尽管14世纪以后，欧洲人口越来越少，但仍有大量的流浪汉像鸟儿般扑向城市，尤其是巴黎。这些游民背井离乡，游离在传统的教区、社区救济组织之外，从而挣脱监护制度的约束与保护，成为无依无靠之人，破坏了社会秩序，令人感到惶恐不安。

这些不合群、不知从何而来的“流浪者或乞丐，不管他们处于何种条件或状态，有无工作，是男是女”，几乎都是“游手好闲或是自制力很差，惯常在夜间到巴黎市内游荡，行为恶劣甚至做

游手好闲的流浪汉。

些触犯法律的事，打破人家的门窗，打人，偷走铁栅栏，毁坏门锁后入室偷窃”。（Ibid., Homélie 6, *Contre la richesse de saint Basile*, pp.77–78，转引自若兹·库贝洛，曹丹红：《流浪的历史》，广西师范大学出版社，2005年，47页。）这些流浪者中还包括了四处游走的商贩：白天，他们将货物搁在一块木板上，走遍大街小巷，挨家挨户叫卖；夜里，他们就到酒馆或妓院充实货源，因为在那里小偷们会向他们提供来源可疑的货物。所有这些，使得人们越来越厌恶流浪者，把他们看成是社会秩序的潜在破坏者。中世纪的韵文故事详细地描述了人们对流浪者的认知：

在酒馆及其周边
从酒馆到妓院
在这两个地方
他总是游手好闲
不知道该如何述说
他喜欢酒馆和婊子
还喜欢赌博掷骰子
酒馆喜欢他的钱财
他在这里散尽钱财
总是想赌博
在酒馆里或在大路上

（Revueil général et complet des fabliaux des XIVe et XIVe siècles, éd, *A.de Montaiglon et G.Raynaud, Paris*, 1872–1890, t, V, C Ⅶ, p.65，转引自若兹·库贝洛，曹丹红：《流浪的历史》，广西师范大学出版社，2005年，53页。）

人们开始区分起真假穷人来，所以看待穷人的眼光犹豫不决。那些“身体和四肢均健全之人，以及那些有劳动能力，能自食其力的人”应当强迫其参加劳动，而流浪者或游手好闲者则应当接受一定的管束，他们是无益世界的人。只有那些年老体弱、缺胳膊少腿、身体畸形的残疾穷人、难以治愈的病人以及生命衰竭的老人、无依无靠的孤儿寡母才能得到帮助与施舍。

“真正的穷人”，如老人、孤儿、寡妇、身有残疾者，他们有着羞耻之心，默默地接受施舍，同时为这些施予者祷告。但穷人实在太多，他们当中一些人不得不外出乞讨。巴黎一名非常富有的商人在遗嘱中预计救助分散在巴黎各个角落的4000个穷人，他给出了名单，长长的名单里列着大家所熟知的穷人，然而这仅仅是现实穷人的一小部分。在1482年的特鲁瓦，1.8万居民中约有3000人是乞丐；在兰斯，在1万居民之外还应加上“多于2000人并且数目与日俱增”的乞丐人数。亨利·皮雷纳甚至估计乞丐人数大约占所有城市人口的10%。（参见若兹·库贝洛，曹丹红：《流浪的历史》，广西师范大学出版社，2005年，67页。）这批得不到固定施舍的乞丐必须忍受“酷热严寒和风吹雨打”，“从一扇门到另一扇门，从一个教堂到另一个教堂，从一条街到另一条街，寻求短暂的财富，也寻求帮助以满足他们的生存所需”。（若兹·库贝洛，曹丹红：《流浪的历史》，广西师范大学出版社，2005年，67页。）

这批“真穷人”由于不幸而受到人们的同情与怜悯，是富人们、教会、修道院等的施舍对象，他们也承担着为富人求情的义务，是教会、修道院甚至兄弟会等表达对上帝虔诚的载体。因而，他们能合法地乞讨，得到人们的救济。然而，对于那些四肢健全却到处游荡，以各式各样手段假装可怜的“穷人”，人们却深恶痛绝。

流浪者们经常性地通过各种手段伪装自己，把自己打扮成受伤或身体残缺的样子，试图引起人们的怜悯与帮助。查理七世颁布的法令揭露了一部分乞丐的欺骗行径：

凯芒（中世纪法国对流浪者的一种称呼）和懒汉们假装身体虚弱，身上满是带血的伤口和各种皮肤病，在孩子身上缠上假绷带，手里拿着铁器，头上系着旗子，身穿粘满泥浆、又脏又臭令人作呕的奇装异服一直来到教堂。他们倒在最热闹的街上，或者来到他们能行乞的最大团体或人群中，口中或鼻孔中冒着精心制作的朱色的血——这是一种很常用的手段——总之想方设法来骗取本该属于上帝对真穷人的施舍，在行骗的同时他们还行窃。（Ordonnances royaulx sur le fait et jurisdiction de la prévosté des marchands et eschevinage de la ville de Paris, 1595, p.236 et ss，转引自若兹·库贝洛，曹丹红：《流浪的历史》，广西师范大学出版社，2005年，69页。）

这些流浪者通过伪装骗取人们的同情，瓜分了本属于"基督的穷人"的一部分施舍。当这些伎俩被识破时，他们甚至铤而走险，走向了犯罪道路，成为真正无益世界的人。

在司法档案的记录中，流浪者所犯的罪包括偷窃、诱拐和强奸，甚至杀人、拐骗儿童等。当泰斯塔尔在1390年被捕时，已在巴黎周围、普瓦西、布里的蒙米莱、韦里耶尔甚至在桑斯和亚眠行窃了无数次。星期三，"来到格雷夫干草码头，在岸边，他们发现一个正在睡觉的男人并偷走了他钱包里的8个苏和他盖在身上的一件长袖灰呢外套"；星期四，"偷走了一个正在熟睡的男人的一件长灰呢外套和他挂在腰带上的一把匕首"；星期五，"偷了一个睡在圣保罗教堂围墙前的男人钱包里的8个苏"；星期天，"他们偶然间在巴黎塞莱斯坦桥下……发现一个正在睡觉的男人，偷了他身上的外套和挂在他腰间的匕首。"［Registre criminal du Châtelet,（1390）, t.1, p.364 et ss，转引自若兹·库贝洛，曹丹红：《流浪的历史》，广西师范大学出版社，2005年，63页。］同样，从1382~1390年的流浪

流浪者们居无定所，无依无靠，并没有明确的目的地，而是四处游荡，大多数通过偷窃来维持生活。

生活中，勒巴尔比耶在吉斯、瓦朗谢纳、维厄兰、蒙科尔内以及舒伊做了不少的偷窃勾当。而在沙特莱法院审讯的127名犯人中竟有85人被指控偷窃，（若兹·库贝洛，曹丹红：《流浪的历史》，广西师范大学出版社，2005年，63页。）从而受到了严厉的刑罚。

白天，他们进行各种犯罪勾当，夜幕来临时则光顾酒馆、妓院。因为，这里不仅为他们提供栖身之处，也为他们提供了销赃、纵情欢乐的场所。酒馆里，他们喝得酩酊大醉，掷骰子玩赌博；妓院里，“妓女……靠自己的身体讨好其他流浪者的欢心”，而流浪者则挥金如土，同妓女厮混、掷骰子、打牌等，直至身无分文时，他们就又出发，半个月或一个月后，再回来时“穿戴整齐，金银满贯”。[Sainéan（L.），Les Sources de l'argot ancient，Paris，t；I，p.89 et ss，转引自若兹·库贝洛，曹丹红：《流浪的历史》，广西师范大学出版社，2005年，77页。]

当然，在动乱时代，不安分守己的不仅仅是游手好闲的流浪者，贵族和平民也参与其中。1472~1507年，威尼斯的司法记录详细地记录了许多贵族和平民参与的致人死亡的案件，而实际发生的案件可能是记录在案的很多倍。例如，威尼斯贵族和著名文人本博年轻的时候在一次吵架中被人剁掉了一根手指头；1503年的一个罪犯被处以极刑，因为他出售加工过的人肉。（*The Imperial Age of Venice*，1380-1580，1970，p.130，转引自刘明翰主编，王挺之，刘耀春：《欧洲文艺复兴史·城市与社会生活卷》，人民出版社，2008年，330页。）

如果说偷窃是中世纪晚期流浪者们在流浪过程中最常见且不可饶恕的罪行的话，那么，拐骗儿童并人为将之致残则是罪大恶极，进一步引起人们对流浪者的敌意与恐惧，视之为十恶不赦的罪犯。

按照王室检察官的说法，让·巴里尔一生干尽了坏事，不仅仅在费里耶尔拐走了一个只有两岁的小孩并挖去他的双眼，同时还伺机而动进行抢劫，犯下了五起杀人罪。（*The Imperial Age of Venice*，1380-1580，1970，p.130，转引自刘明翰主编，王挺之，刘耀春：《欧洲文艺复兴史·城市与社会生活卷》，人民出版社，2008年，73页。）

而艾蒂安·蒂耶里耶掳走了两个小孩,一个在安茹的圣洛朗,另一个在洛什附近的沙佩勒—布朗什。他在第一个人齐脚踝处锯去了他的双脚,又挖去了第二个人的眼睛,之后还剥去了他腿上的皮(*The Imperial Age of Venice*,1380-1580,1970,p.130,转引自刘明翰主编,王挺之,刘耀春:《欧洲文艺复兴史·城市与社会生活卷》,人民出版社,2008年,73~74页。),蓄意将不幸施加在孩子身上以求得到更多的同情与施舍,这种行为令人发指。但是,可恨的是,拐骗儿童并人为地致残在这个时期却并非少见:"这时被捕的流浪者、小偷和杀人犯,在刑罚和其他措施下承认自己拐骗过儿童,这些儿童有的被挖去眼睛,有的被截断双腿或双脚,或受到其他不堪的折磨。还有一些女人同杀人犯在一起……在旅馆中一住三四天,像在自己家中一般,他们甚至在集市中拐骗儿童,像文中所述的那样折磨他们。"(*Journal d'un bourgeois de Paris*,op. cit.pp.389-390,转引自若兹·库贝洛,曹丹红:《流浪的历史》,广西师范大学出版社,2005年,73页。)

流浪者们这些恶劣的行为,使得政府、普通大众越来越难以接受他们,甚至产生了敌意,认为正是这些行为恶劣的流浪者扰乱了社会治安,骗取了人们的同情心,破坏了人们行善从而表达对上帝虔敬之情的做法。人们不再认为这些居无定所、无依无靠的人是不幸的,而是一致认为这些人除了是敲诈者、袭击者或强盗、杀人犯之外,就是小偷和骗子。人们仇恨这些流浪者:"滚吧,流浪汉、凯芒和无赖,老鸨、忏悔或不忏悔的荡妇,瘸女人、巫婆和未卜先知者,过着懒惰生活的好色之徒,通过这些行当乞讨着施舍,他们是上帝的小偷,伪装着各种病痛,最好他们都被绑到马尾巴上,最后被绞死在绞刑架上!拜宜(拜宜,古代代表国王或领主执法的大法官,近代裁判所长官。)们,宫廷大法官们,抓住他们,绞死他们,这将大快人心。"[Deschamps(E.),Euvres completes, éd,*Queux de Saint-Hilaire,Paris*,1878-1903,t,Ⅶ,pp.52-53, 转引自若兹·库贝洛,曹丹红:《流浪的历史》,广西师范大学出版社,2005年,71页。]

更为严重的是，不知从什么时候起，人们认为流浪者、乞丐应该为流行病负责。1348年4月17日，纳伯讷城市法官报告，“各族的穷人和乞丐”承认自己曾在“水里、屋子里、教堂和食物”中投放了一种神秘的粉末，他们当中有9人被处以磔刑。（若兹·库贝洛，曹丹红：《流浪的历史》，广西师范大学出版社，2005年，40页。）1390年夏，社会舆论指控乞丐听命于英国伯爵，在沙特尔地区的井里投毒，而同样是乞丐的多明我兄弟会会员是同谋。与此同时，勒芒、图尔和卢瓦尔城堡的监狱里的嫌疑犯被传唤到沙特莱法院后，他们也认了罪，于1390年秋被处决。（若兹·库贝洛，曹丹红：《流浪的历史》，广西师范大学出版社，2005年，72~73页。）

人们不再怜悯、帮助这些无益世界的人，甚至仇恨他们，且态度越来越坚定。教会也加入行动，从主教到宗教裁判官，从各修会到教区的神职人员都劝阻教徒们施舍给那些身体健全、能自食其力的人，而将施舍给予那些残疾人和其他不幸的人。权贵和富人的布道牧师则被要求终止所有帮助流浪者的施舍。而政府部门则着手对这批假穷人进行法律制裁。

济贫院和“上帝之家”从此不得收留“流浪者或游手好闲者”超过一夜。

惩罚与强迫劳动：大禁闭前的各种尝试

随着穷人形象由中世纪早期的“基督的穷人”转变为无益世界的人，整个社会对待穷人的态度也随之发生了改变。不要说同情和帮助穷人，人们甚至厌恶仇恨这些流浪者，将之看成社会的危险分子，政府对之采取了强硬的措施。

惩罚:对待流浪者绝不手软

中世纪晚期,由于反复无常的瘟疫、此起彼伏的战乱,再加上惨无人道的马队抢掠,整个欧洲显得毫无生机,一片凋零。很多人离开自己所属之地,开始了漂泊生活。为了维持生计,流浪者们要么伪装自己扮可怜,要么偷窃、拐骗儿童、沉溺赌博,这一切已严重危害到社会的安定,威胁到普通民众的人身安全。政府开始对罪犯采取严厉的惩罚措施,绝不手软。

针对到处流窜作案的流浪者,司法机关审判嫌疑犯的过程显得简陋而野蛮,法官认为某人有罪就对其严刑拷打直至其认罪,而君主、官员及公众也乐意接受用酷刑来求得嫌疑人认罪的审讯方法。因而,中世纪晚期,法官在审问谋杀、强奸或重要盗窃罪时经常性地使用酷刑,且提审时间一般为一个小时。在这一个小时里,司法机关在法官的默许下对嫌疑犯严刑拷打,希望以此逼迫他们说出更多的罪行。如果是骗子会被处以监禁数日的惩罚,如果是强奸或是暴力犯罪会被处以切除手脚、斩首或是吊死之类的惩罚,情节较轻的则要遭受毒打。13世纪末,里昂大区的大主教法庭的裁决以其惩罚的严酷著称:偷窃几件衣服或一些麦子或与人私通则会被截去一只或两只手或是一只脚,甚至会被淹死在罗讷河中或被施以火刑。一直等到黑死病后,惩罚才稍微有所减轻,但依然严厉。如让·勒布伦因行窃、杀人而被罚坐在一个柳条编制的马拉刑具上,随后因背叛国王被斩首。(若兹·库贝洛,曹丹红:《流浪的历史》,广西师范大学出版社,2005年,71页。)科兰·朗方则因为偷窃而被送上了断头台。

如果审讯官对嫌疑犯用三次刑还得不到真相,那么,他就得释放嫌疑犯;但一旦嫌疑犯承认了罪名,则被处于严酷的刑罚。

在诸多严厉惩罚中，可以说判处割耳是最为严酷且最具侮辱性的，并在无形中将流浪者推向社会边缘。1389年7月24日至1392年4月18日这段时间里，沙特莱法院审讯的127名犯人中，除了1人因证据不足被排除之外，只有11人最后保住了性命，其中3人遭驱逐，其他人则被割去一只耳朵。（若兹·库贝洛，曹丹红：《流浪的历史》，广西师范大学出版社，2005年，63~64页。）同样，让·勒菲弗因其轻微的罪过也被割掉了耳朵，开始了他真正的流浪生活。割去耳朵是一种残酷的带有侮辱性的刑罚，是被施行者永久的耻辱，无形中将其推向社会边缘。同时，被割掉耳朵的这群人成了最容易上绞刑架的一批人。让·塔夫农四处流浪，后遭逮捕。其被捕的原因是他受过割耳的惩罚，因而极有可能是偷窃钱包者。

遭受割耳的惩罚也意味着遭受驱逐。1477~1480年间，被驱逐的人越来越多，受刑的犯人穿着一件象征耻辱的衣服暴露在行人面前，在他们的打骂声中穿过整个城市，遭受人们的唾弃，之后又被施以酷刑，割去一只或两只耳朵，并被驱逐出家乡。驱逐意味着这个人从此以后与社会断绝了一切联系，重新融入社会已是不可能的，他将遭受社会永久性的抛弃。

然而，真正的驱逐政策要从“好人”让二世的控诉算起。瘟疫、战乱等造成人口的大量损失，劳动力欠缺，而一群身体健全者却无所事事到处流浪，干些偷鸡摸狗之事，这引起当局的愤怒。当局颁布法令要求“身体和四肢健全”的人三日之内离开巴黎及其周围的司法官吏管辖区，“如果三日之后这些人仍被发现游手好闲、掷骰子赌博或是乞讨，他们将被逮捕并关进监狱，只提供面包和白水，如此关押四天。如果释放出去后被发现还是游手好闲，或者无以为生，或者没有可靠的、不为任何骗子集团做事或服务的人为他们作证，他们将被罚枷刑示众。第三次时，他们的额上将受热铁烙印并被赶出城市。”（若兹·库贝洛，曹丹红：《流浪的历史》，广西师范大学出版社，2005年，46页。）亚眠的市政长官们惯常用驱逐来对付游手好闲者和关押在城市钟楼里的囚犯，甚至在审讯过程中，没问他们“工作、生活和籍贯”就认定“他们是流浪者,专门寻欢作乐”,是几起偷窃事件的肇事者,从而割掉他们的耳朵再将他们驱逐。警察条例更是明确命令所有“假穷人”离开城市:曾被法律判处过驱逐刑罚的人必须在24小时内离开;而其他人的期限为一个星期。对于不遵守这些命令的人,长官们有权拘捕他们,用铁链锁住并赶到工地上工作。

1531年,英国议会则颁布了一项严厉惩罚身体健全乞丐的法令。该法令规定:凡是有劳动能力的乞丐都将被捆绑到市场,处以赤身裸体的鞭刑,直至全身被打出血为止。

尽管惩罚如此频繁与严酷,但效果却并不明显。正如英国首相汤尼所说的:“鞭子对一个必须流浪和注定受穷的男人来说并不可怕。”这些惩罚不但没有彻底清除流浪者,反而逼迫更多的人走向社会的边缘,浪迹天涯。因为,被割掉耳朵并遭受驱逐的这批人走到哪里都能被一眼认出来,成为人们厌恶的滋事者,不受欢迎且遭排挤、鄙视。因而,他们日渐陷入边缘生活中,除了与那些以乞讨和偷窃为生的流浪者为伍之外别无选择。

在这一刻,人们早已忘记宽容、同情为何物,流浪者们被人们所遗弃,遭受社会抛弃。人们不再给流浪者改过自新的机会,而是粗暴地将他们隔离在社会关系之外。

强迫劳动:变相的禁闭

一方面,严酷的刑罚、驱逐没能起到多大的威慑作用,一批批流浪者依然游手好闲,四处游荡;另一方面,由于瘟疫、战乱造成了劳动人口的大量不足,生产始终得不到提高。在这种情况下,强迫劳动理念应运而生。因为人们相信只有劳动才能有效防止健全的人堕落为乞丐、小偷、杀人犯等,从而有效促进社会和谐。

1367年，法国国王下令要求所有“游手好闲”的人清理城壕，市政府付给一定的报酬，作为“根据能力支付的工资”；而那些抗旨不从者，“将被警察逮捕并关进沙特莱监狱，懒惰的人将挨打、受惩罚，以此作为教训”。（Ibid., Homélie 6, <Contre la richesse de saint Basile>, fol.4，转引自若兹·库贝洛，曹丹红：《流浪的历史》，广西师范大学出版社，2005年，47页。）政府甚至考虑将这群游手好闲者遣送到仆人和农场雇主正告奇缺的乡下。政府想方设法雇佣健全的流浪者到城壕、城堡、城墙和其他市政公共建设处工作，并付给他们合理的工资，然而有酬劳动并没有受到流浪者们的青睐。法令、公告和各种措施三令五申要求人们以自己的劳动谋生，甚至以枷刑示众或用热铁烙印相威胁，然而成效甚微，后来不断重申的法令证实了这一点。

1413年在法国三级会议上，议员们提出在战争、死亡和“其他灾难”的重压下，人民的苦难一如既往，农村缺少劳动力，城市的粮食供应也受到了影响。而那些“有能力耕作或饲养家禽或干其他活计”的人却过着游手好闲、暴饮暴食的生活。议员们指出，巴黎市长以及司法总管、大法官和城市法官应坚持不懈地“劝诫或派人劝诫那些四肢灵便、有能力劳动和自食其力的凯芒和凯玛娜、流浪者和游手好闲者……迫使他们耕作或通过饲养家禽及其他力所能及的活计养活自己，禁止他们四处游荡，在巴黎或其他城市的各个教堂之间来回奔走。”（参见若兹·库贝洛，曹丹红：《流浪的历史》，广西师范大学出版社，2005年，48页。）

通告越来越严厉，并竭尽全力将乞丐和流浪者赶到各个工事劳动，或命令他们离开城市，甚至以鞭笞相威胁，禁止两人以上结伴在平原流窜。而王室法令则主张强行将那些“没多大价值”的人判处划船的刑罚。1456年，朗格多克地区的三级会议计划将流浪者赶到苦役船上，将他们从这个地区清除；1496年，查理八世将这项措施推广到整个王国。

划船的刑罚将强迫劳动的理念发展到了极致，大批被罚划船苦役的人成了免费的划桨手，变相地被禁闭在贵族、君主的船上。1522年2月26日，弗朗索瓦一世的掌玺大臣公署准许黎凡特的海军司令代理长官贝尔特兰·德·奥尔纳藏从关押在图卢兹监狱中的“放荡者、皮条客、流浪者、杀人犯和其他作奸犯科的人中”挑选出一些人，用铁链锁着去划苦役船；1529年，第戎奉命从关押在监狱里的流浪者中挑人充当桨手。

这种剥夺流浪者人身自由的刑罚至17世纪依然盛行。1685年4月15日，法国政府的宣言中要求将连续犯罪的乞丐锁上铁链在桨手的板凳上度过五年；同年10月12日，当局宣布这些惩罚同样适用于所有在乞讨过程中被抓获的健全人；1687年1月28日，法国政府的宣言甚至做出这样的命令：“假使没发现有人行乞，那么希望我们骑警队的长官们逮捕和审判那些到处流浪、居无定所的人，男人就罚他们终生划船，女人就得挨棒打、上烙印、受驱逐。”（若兹·库贝洛，曹丹红：《流浪的历史》，广西师范大学出版社，2005年，127~129页。）流浪者一经被逮捕就被判处划船的苦役，这是相当严酷的。

政府一再强调健全的人回到家乡参加劳动，否则，政府将采取强制手段迫使健全却四处游荡的人参加劳动，甚至被罚划船的苦役。划船苦役剥夺了惩罚者肉体自由，强迫其劳动从而使其成为对社会有一定作用的人，并通过这种方式来赎罪。然而，这种方式实则是变相地将穷人禁闭起来，使其不仅被剥夺了自由，人格也遭受侮辱，成为这种残酷惩罚的牺牲品。人们已经看不到可能隐藏在穷人背后的基督，而是想方设法把这些穷人驱逐出去或是禁闭起来，以维持社会的安定与秩序。

政府的强制手段使慈善救济正逐步让位给社会秩序。

虚假的社会福利:大禁闭的开始

当一批又一批流浪者涌向城市,成为乞丐,成为扰乱社会安定与秩序的潜在危险分子时,人们看待穷人的目光变得越来越严厉,王室法令、市政府各种举措试图改造这些人,用严酷的刑法逼迫他们自食其力,成为对社会有一定作用的人,然而,从不断重申的法令来看,效果极其有限。因而,王室开始颁布法令,兴建收容所,镇压性社会政策出台。社会救济成为巩固王权、维持秩序的幌子,传统的慈善救济观念正在淡化,而宗教情感正被削弱。社会福利事业开始走向世俗化。

慈善机构出现了世俗化的倾向

中世纪晚期,为了维护"基督的穷人"应得的利益,以及社会的安定,政府部门开始越来越多地参与到慈善事业中,一方面采取严厉的措施惩罚、驱逐"假穷人",另一方面则毫不犹豫地接手传统的慈善机构,开始了慈善事业的世俗化趋势。

1478年,在里昂,当瘟疫一次又一次威胁着百姓,教会对此表现得束手无策时,里昂政府毫不犹豫地从它们手中夺过已成为上帝之家的"罗讷河上的桥"收容所的管理权。随后,其他城市如普瓦捷、贝桑松、圣奥梅尔以及博热也采取了相类似的政策。巴黎圣母院议事司铎管理的"上帝之家"则在1505年得到了世俗化,由巴黎市长和市政长官任命的任期三年的八名专员负责监督收容所的管理者,并向议会负责。而1545年1月15日通过的《圣日耳曼昂莱敕令》则第一次命令所有的王室法官,如有必要,对查账时出现的收容所内部贪赃舞弊的现象和秩序混乱的现象采取纠正和改革的措施。这是一项基础性的敕令,却使得政府把触手深入到慈善机构的内部,起着近乎实质性的作用。(参见若兹·库贝洛,曹丹红：《流浪的历史》，广西师范大学出版社，2005年，90~91页。）16世纪初，弗郎索瓦一世颁布的一系列敕令进一步推动了这种世俗化趋势，王权开始在一个传统上属于慈善和教会的领域内加强了干预，到18世纪初，法国王室在境内已拥有156家济贫院。

与此同时，比维斯在其著作《论对穷人的救济》中第一次从世俗的角度探讨慈善问题。他认为，理想的社会中秩序才是至高无上的利益，高于穷人应得的公平。受比维斯思想的影响，佛兰德的一些城市如里尔，开始改变传统的慈善活动。1508年，里尔成立了“穷人基金”，将整个城市的施舍汇总起来分发给大家；1527年4月30日，市政当局将其发展为一个市政机构，并受到王室的认可与支持。在一部分城市中，从里昂到鲁昂，从里尔到图卢兹，在市政当局的倡导下，这些机构已经在城市管理中起到了基础性作用。

1544年11月，法国国王的几封御书将一些权力下放到市政府手中，由32个专员组成的穷人问题办公室每周一、周四开例会，组织救济活动。每个教区的财产管理委员会将真正需要救济的穷人记录在册，将施舍分到已在本城定居至少三年的真穷人手中，同时也为被排除在施舍之外的健全穷人提供工作，如参与政府公共建筑，由市政府付给工资。与此同时，行政长官和管理穷人的法官在12个警卫的辅助下，负责“逮捕、收监、审讯并惩治所有在巴黎行乞的人”。流浪者们逃脱不了要么劳动要么遭受惩罚的命运。

所有这些表明了处理贫穷问题不再纯粹是宗教领域的事情，而变成了政府部门的司法问题，对其的处理明显属于公共秩序的范畴。政府通过这种方式将救济与惩治有机地结合在一起，其主要目的依然是继续发扬救济穷人的传统。只不过，这种做法却使得镇压开始伴随着救济出现在近代法国政府的社会政策中，这种情况在十八九世纪表现得尤为突出。我们将在下一章详细论述这个问题。

收容所:禁闭的尝试

中世纪晚期,随着王权的加强,王室越来越多地涉足社会救济领域,不同于以往的惩罚与驱逐,王室开始通过法令将流浪者、乞丐等关进收容所,开始了禁闭穷人的尝试。

1554年,亨利二世命令建造一到两所新的收容所,收容那些“屡教不改”的穷人,“安顿、禁闭上述这些男女及其他不可救药的人,给他们少量的食物……如果男女没有结婚就将他们分开安置,不给钱,除非生病,其他时候不准喝酒,因为钱和酒是吸引这些无赖的两样东西, 为了这两样东西他们从四面八方来到巴黎,有些甚至是从诺曼底来的,各地本来可以视自己的工业发展情况用少量的钱雇佣他们到工厂工作,使他们不至于乞讨”。(若兹·库贝洛,曹丹红:《流浪的历史》,广西师范大学出版社,2005年,100~101页。)通过收容所给予基本的衣食住保障,从而将屡教不改的外地流浪者及乞丐集中在收容所里,这是一种刚刚出现的禁闭政策。

这种强制性的禁闭似乎取得了一定的成效。人们惊奇地看到“城市里又像以前一样,不再有穷人,流浪者、乞丐和坏穷人都离开了巴黎。”1612年摄政王后玛丽·德·美第奇通过8月27日的命令,肯定了禁闭政策以及1611年通过的法令,并为此下令建立三所新的收容所。1622年、1627年、1629年、1632年、1653年和1639年反复重申的敕令从一定程度上说明禁闭已经

亨利二世要把“屡教不改”的穷人关禁闭。

成为权力机关心目中根除乞讨行为、解决穷人问题的主要手段。

在英国历史上,直至19世纪末,政府解决贫困问题的主要官方措施是济贫法制度。1834年以前,济贫法制度以对贫困者提供济贫院外救济为原则;1834年后,英国根据社会发展变化的需要,颁布实施新的济贫法,开始在各地建立济贫院,强制要求接受救济者必须进入济贫院,这种方式被称为院内救济。在英国,申请院内救济的贫民必须接受严格的调查,证明其真的处于贫困状态,才被允许进入济贫院。接受院内救济者被迫失去政治自由,被剥夺了选举权,同时还要脱下自己的衣服,穿上济贫院统一的服饰,并接受济贫院严格的管理,不得擅自走出济贫院,否则就会受到处罚。英国济贫法救济的基本原则对于接受者是一大污辱,接受者自此失去了人身自由,更丧失了人格。而且,大多数济贫院并不能很好地为入住者提供良好的居住环境和足够的饮食。赖德·哈格德曾这样描述英格兰东部一座济贫院:在砖铺地面上到处是贫困的妇女以及满脸脏物、到处乱爬的孩子,老年妇女躺在床上气喘吁吁无法动弹,或者围坐在火炉旁大声咳着,老年男子弓着背忙着活计,苟延残喘。不仅住宿条件很差,济贫院中的伙食也很糟糕,地方政府事务部曾对伦敦地区济贫院食品进行检查,检查结果表明,57个儿童用牛奶样本中,只有两个未被取脂,几乎所有的牛奶都被稀释,7个样本中有一半是水,大多数食用黄油是用对人体有害的原料提炼而成的。(丁建定,杨凤娟:《英国社会保障制度

院内救济是19世纪末英国济贫法救济的主要形式,跟法国收容所强制性的禁闭有异曲同工之效。

的发展》,中国劳动社会保障出版社,2004年,15页。)尽管如此,接受院内救济的贫民依然很多。1880年~1914年,接受院内救济的人数从156000人增加到255000人;1912年,英国济贫院中的贫民数高达275000人,创历史最高水平。(E.Royle,Modern Britain,*A Social History*,1750-1985,Amold,1988,p.179,转引自丁建定,杨凤娟:《英国社会保障制度的发展》,中国劳动社会保障出版社,2004年,15页。)

济贫院这种惨淡的状况一直到19世纪末20世纪初才有所改善。这时期,英国社会问题日益严重,政府被迫对济贫院采取改革措施,将济贫院内贫民分为不同群体,对于有能力工作者强制其劳动,如修路、采石等,而对于那些真正需要救济者则努力改善其生活条件,增加济贫院的床位,建造新的、条件较好的济贫院,放宽管理,努力改善济贫院的物质和精神生活,如改善伙食,为老年贫民购买书籍、报纸,为儿童购买玩具、文具,甚至为一些贫民提供烟草和茶叶,同时,几乎每一家济贫院都有一台钢琴或风琴以供宗教活动、娱乐活动时使用,从而有效地改善了济贫院的生活条件。

法国从中世纪晚期开始建立收容所,进行禁闭穷人的尝试,为穷人提供最基本的生活保障。然而,收容所为禁闭者提供了必要的衣食、使其暂时安定下来的同时,也让他们变得更无所事事,更无法适应外面的生活。“一个巴黎的手工业者收了一个男孩为徒,一个月或一个半月后,他将这个男孩带回到收容所办公室大人们面前。当被问及带回男孩的原因时,手工业者回答说男孩不愿意工作。于是人们问男孩为什么不愿意工作,男孩说他之前在收容所过了无所事事的三年,现在根本无法重新工作了。”[Cimber(L.)et Danjou(F.),Archives curieuses…,op.cit.,t.XV,p.266,转引自若兹·库贝洛,曹丹红:《流浪者的历史》,广西师范大学出版社,2005年,109页。]鉴于此,“收容所,假如不是生病或非常虚弱的话,没有一个穷人是不工作的,不可能因为年龄或行动不便而不参加劳动。在这里,甚至连年老的、残疾的和瘫痪的人都得工作”,并允许收容所的所长们“在收容所及其附属机构内开展手工制造业,出售成品的所得用来救济穷人”,(Code de l'Hopital général…op.cit.,o270, 转引自若兹·库贝洛,曹丹红:《流浪者的历史》,广西师范大学出版社,2005年,122~123页。)穷人可得到他们劳动收益的1/3,为自己挣得一部分口粮。与此同时,收容所还为收容所中的儿童提供足够的职业培训。人们希望收容所中的穷人通过劳动而成为对社会有用的人,同时也以这种方式来赎罪。

政府希望穷人通过在收容所中的工作而获得谋生的技巧,并能真正自食其力,重新融入社会。

但是,随着收容所中人口的增多,财政支出变得越来越困难,这种设想中有利于社会、有利于穷人的劳动逐渐变成了惩罚性的劳动,并完全剥夺了穷人的人身自由与尊严。收容所里,男人们“用设在收容所里的手推磨磨小麦,制备酿啤酒的麦芽汁,搅拌水泥及做其他劳累的工作”;妇女、女孩和八岁以上的儿童都得纺织、做袜子和纽扣。工作日长得出奇,从早上5点一直到晚上7点,有时“只要师傅一声令下”,甚至还可以延长时间。而拒绝工作就得任由师傅和收容所管理者处罚。(若兹·库贝洛,曹丹红:《流浪者的历史》,广西师范大学出版社,2005年,106页。)收容所中的穷人完全丧失了人身自由,他们要为自己获得的微薄的生活基本保障付出巨大的代价。在这里,穷人似乎成为工作的工具,而不是接受帮助的个体。收容所将外来的流浪者、乞丐禁闭在收容所中强制劳动,从而将他们与外界隔离开来。收容所运作方式的改变意味着其开始偏离建立的初衷。

总收容所:禁闭的延续与扩张

如果说早期的收容所是出于慈善目的,希望通过将穷人集中在一起劳动使其得到衣食保证并获得谋生技巧以期重新融入社会,那么,到了后期,收容所则几乎只是为了维持社会秩序,成为王国巩固政权、稳定社会的工具。

法国国王路易十四通过柯尔贝尔向议会的总检察官阿尔莱传达了这样的意思:“必须为这么混乱的秩序提供一个药方,秩序太混乱势必会整个地摧毁这个如此伟大如此坚固的机构。”(Correspondance administrative de Louis XⅣ,t.Ⅱ,p.590,转引自若兹·库贝洛,曹丹红:《流浪者的历史》,广西师范大学出版社,2005年,124页。)路易十四意欲在全国范围内实施禁闭政策:“朕希望所有还没有建立收容所的地区将来都能拥有这个机构。”(若兹·库贝洛,曹丹红:《流浪者的历史》,广西师范大学出版社,2005年,116页。)他通过1656年4月敕令,创立了巴黎总收容所,开创了“大禁闭”的先河;1656年的敕令具体化了各种不同的倡议,宣布开始实行大禁闭,该敕令受到1662年敕令的补充。

1662年6月14日敕令命令在“王国境内所有还没有建立总收容所的城市和郊区应该立即着手建立一所收容所并制定有关规定,禁闭穷人并为他们提供食宿,这些穷人是当地的乞丐和不健全者,或者在这些地方逗留了一年的穷人、孤儿或乞丐的后代”。(Jourdan Decrouzy,Isambert,Recueil…op.cit.,T.XⅧ,pp.18-20,转引自若兹·库贝洛,曹丹红:《流浪者的历史》,广西师范大学出版社,2005年,114页。)当这个敕令签署时,里昂、奥尔良、马赛、昂古莱姆以及图尔兹等城市已在圣体会的帮助下建立了总收容所。王室在整个领土范围内拥有156家收容机构以及565个骑警分队。

不仅仅在全国范围内兴建了总收容所,而且禁闭的对象不再局限于外来的流浪者、乞丐,也包括了本地的乞丐和不健全者,甚至本地一些生活贫苦的老弱病残。1662年9月15日议会敕令命令“刑事长官在警卫、弓箭手和一名高等法院行刑者的陪同下,尽可能时常到城市和各区去视察,将男人抓进监狱,根据敕令实行处罚;若是女人,只要发现她们在乞讨,立即就地公开鞭打她们并剪去她们的头发。”(Thoisy,Recueil 318,fol.58,15 september 1612. Ibid.,fol.59,25 october 1612,转引自若兹·库贝洛,曹丹红:《流浪者的历史》,广西师范大学出版社,2005年,107页。)第一次禁闭之后,所有累犯被画上擦拭不去的“M”标记,而第三次犯罪时所有男乞丐和流浪者都将被判划船五年的惩罚,女的将受到禁闭,流浪者的尊严遭受践踏。事实上,路易十四统治时期,被罚划船的人中有5.87%是因为犯了与流浪有关的刑事罪或轻罪;而路易十四之后,13.08%的人因同样的原因被判处划船的惩罚,即1323人对比之前的698人。(若兹·库贝洛,曹丹红:《流浪者的历史》,广西师范大学出版社,2005年,145页。)采取如此严厉的做法无非是“为了通过这种严厉的手段使得其他人因害怕被禁闭而放弃前来巴黎的打算”,维持社会安定成了收容所最大的愿望。有时,健全的乞丐仅仅因为出现在君主有可能出现的地方而被捕,并被“关押15天,或者根据所长的指示关押更长的时间。关押期间只提供他们生活必需品,并且雇佣这些人从事他们所能承受的最艰苦的劳动”。(若兹·库贝洛,曹丹红:《流浪者的历史》,广西师范大学出版社,2005年,121页。)当局明显地流露出对秩序的渴望。

敕令变得越来越严厉,由禁闭转向了镇压。

收容机构不仅成为维护社会秩序、社会安定的主要手段,也是教导被收容者遵守秩序的重要场所。收容所中规定凡是进入收容所的所有穷人都必须遵守收容所一系列近乎吹毛求疵的规章制度，否则就要受到惩罚。他们每天要严格按照收容所规定的作息时间生活，重新学习劳动的美德，参加繁重的劳动，以避免变得懒惰、懒散。收容所正是以防止穷人放荡、游手好闲的借口剥夺了他们的自由。而宗教教义则能使这些穷人向良好的道德品性靠拢，因而，劳动中时不时穿插着祷告。收容所管理者们认为祷告除了能让穷人感受到上帝的爱与宽容、让他们重新接受美好道德之外，还能使穷人得到放松，从而使整天的劳动变得轻松。这种交织着劳动、纪律和宗教仪式的禁闭与囚禁真正的犯人并没有多大的差别，甚至过犹不及。因为他们不仅完全丧失了人身自由，其人格也遭受贬低，丧失尊严。

另外，收容所的所长们被赋予极大的自由与权力可及时地威慑收容所中的穷人，起到真正的禁闭与威吓作用。收容所的所长们是终身任职的，并“有权领导、管理、审理、判决、惩戒和处罚巴黎城市和郊区的所有乞丐，不管这些乞丐是在收容所里面还是外面”。这种没有任何约束的权力不仅在巴黎城内有效，而且在它的整个辖区内都是有效的。同时，为了方便在收容所内惩罚罪人，这些所长们拥有“绞刑架、枷锁、监狱和地牢”，所长们掌握着实权。路易十四甚至准许收容所所长超越既定的惩罚制度惩治那些行为特别恶劣的人，如判处期限不定的禁闭以及永无止境的划船苦役。有谁如果“违反命令和不完成委托给他们的任务，哪怕只是有一些不服从、无礼或是吵吵闹闹”都会被驱赶出去。驱赶意味着他们不得不从此自力更生或是重新走上流浪之路，再次被关进收容所或是因犯罪而关进监狱。在这种强权的威吓下，穷人被当成了犯人，只有屈服才能得到所谓的“同情”，获得少量的衣食。总收容所成为“禁闭的监狱”，没有人再顾及穷人的尊严与自由，本应是慈善机构的收容所却成为禁闭穷人、并最终将穷人送向坟墓的所在地。

为了保证禁闭政策的完成，法国还建立了专门负责驱逐、逮捕乞丐和流浪者的骑警队。

到18世纪初,骑警队人数已达3271人,隶属总督管辖,而总督则直接向国王负责。骑警队分散于全国各条道路上,负责驱逐、逮捕那些可疑的乞丐、流浪者等。因为大法官下达命令:“不管白天黑夜,你们应该和你们的队伍一起,在各大道或岔路上,或者在你们辖区的任何一个城市、农村、酒馆、采石场或其他藏身之处进行巡逻,不分性别逮捕所有健全或不健全的乞丐。”(若兹·库贝洛,曹丹红:《流浪者的历史》,广西师范大学出版社,2005年,148页。)骑警队成了所有穷人的捕手,仅仅一年内他们就逮捕了10460名流浪者。(若兹·库贝洛:《流浪者的历史》,广西师范大学出版社,2005年,192页。)

政府采取措施严厉对待流浪者、乞丐,将穷人禁闭起来却不对真穷人伸出援手,忘却了还有一批真正的穷人需要人们的帮助与怜悯。“十字路口和广场上到处都是成群的乞丐,像甲虫一般横七竖八地躺在粪草堆和垃圾堆上……痛苦地呻吟和抱怨着。袒胸露乳的胖女人,无论寒冬或酷暑,她们都在这里分娩、小产、坐月子。她们的早产儿或新出生的小孩没有摇篮,没有绷带,没有襁褓,没有奶,也没有奶妈……另外一些人则从一个地方到另一个地方,从这家到那家,出现在教堂门前或里面,因其身体特征而引人注目:身上长着肿瘤、皮癣,溃疡,流血、发炎,身体残缺不全,满身脓血,患了癫痫或麻风病,满是伤疤的畸形的脸令人惨不忍睹,身上只剩下皮包骨,好像被剥了皮一般,都能看到里面的血管和神经了;如此瘦弱以至于能透过他们的胸膛看清里面内脏的运动:你可能会怀疑他们是靠空气和露水为生的。他们在抽泣着低语。”(La Chimère ou phantosmw de la mendicité ,fol.2-3,转引自若兹·库贝洛,曹丹红:《流浪者的历史》,广西师范大学出版社,2005年,104页。)假穷人的无耻伎俩以及政府的强硬手段使人们对待真穷人时变得犹豫不决,甚至变得麻木不仁。

但是,个人施舍、教会救济的传统却是根深蒂固的。在有些人心目中,穷人因是天堂中的说情者而显得尊贵,应当得到尊重与帮助。穷人依然受到显贵人家的家仆、资产阶级、手工业者、士兵还有小市民等的庇护与帮助。蓬波纳·德·贝利耶夫尔从自己的年金中拨出3000锂贡献给了收容所；1657年3月2日，当他去世时，又留给了收容所一笔数目可观的财富，（若兹·库贝洛，曹丹红：《流浪者的历史》，广西师范大学出版社，2005年，110页。）希望通过这些钱给穷人们足够的衣食保证。而教会则通过布道得到捐赠资助，再加上当地传统募捐和馈赠而有足够的资金救助“基督的穷人”。1678~1686年这段时间里，耶稣会在全国范围内的活动共促使了140个收容机构的创建。在这些收容所中，穷人们的生活相对要宽松得多，自由得多。

除此之外，在普通民众的心目中，收容机构由早先的慈善机构变成了禁闭穷人、维护秩序的机构，穷人，不管是真穷人还是假穷人一律遭受禁闭，从而失去人身自由与尊严。更不用说穷人在收容所中“简直可以说是人挤人地生活在勉强容纳下他们的房间里，他们呼吸的空气被严重污染，以致收容所里一直蔓延着传染病；在监狱里面，没有劳动，没有足够的食物，配给的粮食根本不够吃”。（若兹·库贝洛，曹丹红：《流浪者的历史》，广西师范大学出版社，2005年，162页。）而骑警队则在赏金的刺激下不分青红皂白地逮捕“可疑分子”。

政府颁布法令悬赏100锂奖励那些有能力帮助政府抓住任何一个已判刑但在逃的罪犯，而骑警队的骑兵每逮捕一个人，就能得到3锂的赏金，这对于当时只有微薄军饷的骑兵来说，无疑是个很大的诱惑。更何况，根据1778年法令，骑警队的骑兵有权逮捕他认为合适的人，并在拘捕笔录上宣称他已经查实了所有揭发情况。然而，这些笔录

正是在赏金的刺激下，骑警队的骑兵并没有认真区分被捕者的身份，随意抓人。

通常是由骑兵事先写好的，只在姓名处留下空白。在这种情况下，骑兵们滥用职权，随意抓人。如苏瓦松乞丐收容所中：208人为流浪者、精神病人和妓女；256人自称有职业，但仍被视为乞丐遭逮捕；还有294人是“农村的劳工，一旦令他们忙碌的田间劳作结束后，他们就成了乞丐”。（若兹·库贝洛：《流浪者的历史》，广西师范大学出版社，2005年，158页。）骑警队毫不迟疑地将季节工抓起来，这包括那些持有通行证的巡游手工业者、流动小贩等，他们夏天以劳动谋生，四处帮忙收割牧草、庄稼和葡萄，冬天则靠沿途乞讨来的施舍为生。骑警队有时也抓走了手工业者或资产阶级的小孩，引起了1750年5月22、23日民众反抗。骑警队甚至违反法令逮捕从山里来城里打工的工人，或在家长的请求下，将变得碍手碍脚的“亲生子女”关进收容所。更令人发指的是，在赏金刺激下，骑警队甚至连残疾人和暂时腿脚不便的人也不放过。根据纪录，在被捕的370人中：手臂或腿残疾了的有84人，病痛原因不同的病人62人；此外，还有盲人、“傻子”和到处遭受拒绝的畸形人。而这些人在中世纪早期是“基督的穷人”，是天堂里的说情者，如今却因骑警队滥用职权遭受禁闭，不得不与“恶棍、累犯、身上有烙印并逃离苦役船的罪犯以及其他诸如此类早该受起诉的人” 挤在收容所中，并极有可能染上他们的恶习，同时，“定量分配的食物满足不了后者的食欲，他们就用暴力从不幸的穷人那里抢走属于他们的食粮”。（参见若兹·库贝洛，曹丹红：《流浪者的历史》，广西师范大学出版社，2005年，160~161页。）

所有这些，使得民众越来越不接受骑警队的骑兵们，甚至憎恨他们。人们一见到他们就会毫不犹豫地从他们手中抢过被逮捕的穷人，甚至还会将他们痛打一顿。在蒙彼利埃，“议会恳求城市的行政官提供制服给那些专门驱逐乞丐的人，并在制服上别上绣有市徽的盾形袖章，防止他们以后再受到虐待。”[Béral(P.), *Histoire de l'Hőpital de la Charité de Montpellier*（1646-1682）, Momtpellier, 1899, p.102，转引自若兹·库贝洛，曹丹红：《流浪者的历史》,广西师范大学出版社,2005年,121页。]然而,这些努力还是白费了。

同时,出于对穷人的怜悯与帮助,普通民众常常跟这些收容所的弓箭手们对着干,帮助乞讨的流浪者逃离骑警队的逮捕。洗衣染工米歇尔·佩龙在博韦行乞时,有人警告他“当心一点,你可能会被骑警队抓住”,并邀请他到自己家里。而另有一个乞丐躲进了树林里,“因为有许多施舍他的人提醒他不要经过诺阿耶,否则会被逮捕”。普通民众有时甚至会团结起来反对骑警队逮捕穷人。1768年,一个年轻的女乞丐为了逃避骑警队的追捕躲进了阿洛讷的一所屋子,屋里的人毫不迟疑地告诉骑兵她们没有看到任何人进来;1769年7月15日,一群女人则共同反抗骑警队逮捕几个乞丐。骑兵们汇报道:“抓住他们后,将他们带进了住在吕扎什的一个叫皮埃尔·法曼的篾匠家中,并准备对他们进行搜身。过了一会儿,当着证人的面,冲进来一群女人,大约60人,喊道:该死的警察!坏东西!脏鬼!不能把这些穷人带走,他们是基督的子民,坏东西,别把他们带走!大群人冲进法曼家中,强行从我们手中夺走了两个乞丐中的一个,并将其藏在附近的某所房子里……”(若兹·库贝洛,曹丹红:《流浪者的历史》,广西师范大学出版社,2005年,171页。)在这里,人们除了表达传统的同情心与怜悯之心,也显示了对骑警队受利益所驱、滥用职权、毫无同情心的一种反抗。

总之,中世纪晚期,社会福利已开始变味。在王权的干扰下,慈善救济开始让位给社会秩序、政治统治,社会中的弱势群体不但没有得到帮助与怜悯,反而遭受镇压与禁闭。尽管说进入收容所的穷人至少有片瓦遮身、有三餐温饱,然而,这是一种虚假的社会福利。穷人在收容所中除了被强制长时间超负荷地劳动之外,还时刻遭受被处罚或被驱赶的威胁,穷人不仅仅被剥夺了人身自由,还丧失了做人的尊严,被抛弃在社会领域之外,成为真正无益于社会、无益于世界的人,成为王室维持社会安定的牺牲品。

第四章　近代法国:扭曲了的社会福利

十八九世纪,政府延续了中世纪晚期的镇压政策,将镇压与救济相结合,秩序才是社会救济的最终目的。同时,大革命期间,政府大力打击教会、传统慈善机构,削弱宗教情感,并与教会、地方势力争夺地方社会福利的控制权。社会福利被扭曲了,卷入争权夺利的政治漩涡。而且在此过程中,国家将教会、社会力量排斥在福利事业之外,社会福利的发展偏离了其正常的轨道。

宗教情感的丧失与福利世俗化

大革命期间,政府大力打击教会在慈善救济、市民教育等公共领域的地位与作用,削减了人们的宗教情感,进一步推动了社会福利的世俗化。尽管在此过程中,政府的一些行为显得过于偏激,但政府却开始以法律形式保障弱势群体的基本权益。

救济中的镇压:秩序为最终目标

十八九世纪,人们对穷人的印象越来越差,甚至发生了根本性的转变:从早期“基督的穷人”变成了一群好吃懒做、道德败坏、威胁社会稳定的危险分子。他们盗窃、抢劫、行骗、散布异端邪说、煽动闹事,甚至是惯犯、社会渣滓。“乞讨的行为就如一把无经过大革命的洗礼，法国社会普遍对下层人民抱着一种不信任态度，不仅个人施舍、救济减少了，而且社会给予的社会救济是为了安抚穷人而非真正地帮助穷人。

声的锉刀，在暗中慢慢破坏着我们，最后将我们整个摧毁。”因而，政府对待穷人的态度更趋严厉，不仅通过收容所等机构禁闭穷人，将他们与社会隔离开来，而且反对社会对穷人的救济。

1790年12月20日，法国下比利牛斯省政府命令：“各城市颁布法令，要求所有健全或不健全的乞丐退回到他们自己的教区；每个教区都只负责该区的乞丐，这些乞丐在城市的批准下可以乞讨；所有有能力工作的人都不准在任何时候在城市行乞……否则将被处以在乞丐收容所关押3个月的惩罚，如果是累犯，就处以关押6个月的惩罚。”（若兹·库贝洛，曹丹红：《流浪者的历史》，广西师范大学出版社，2005年，233页。）面对外来流浪者，政府采取的措施依然是驱逐以及禁闭，希望以此威吓健全的流浪者从事工作。1801~1802年，拉迪尔起草了一个根除乞讨、流浪和轻罪行为的计划。这一计划的实施需要三个机构的相互协助：手工工场、难民收容所和监狱。一如既往，手工工场招收的是“健全的好穷人”，而且他们得在这里从事各种纺织工作；难民收容所则面向所有不幸的人；至于顽固不化者、游手好闲者和反抗所有社会约束的人，他们将遭受“法律的严厉惩治”，送往监狱。政府通过这一模式将救济和镇压有机地结合起来。

然而，计划的实施依然成效不大，在巴黎，人们仔细统计了一下穷人的数量，官方数据显示1804年他们的人数为8.7万人，1807年为9.8万人，1810年为12.2万人，1813年为10.3万人。1805年，下莱茵省统计有2万穷人，5000乞丐。（若兹·库贝洛，曹丹红：《流浪者的历史》，广西师范大学出版社，

2005年，253页。）于是，中央要求在各省省会建立“惩戒所”，强迫健全的和作为累犯的乞丐和流浪者进行劳动，期限为一年到两年。而最顽固不化的屡犯者则有可能被送到马达加斯加东南端的圭亚那或福尔拉卢瓦。在“惩戒所”未建立起来之前，由收容所扮演这一角色。

人们相信只有“坏”穷人才会放任自己游手好闲，只有那些无药可救的流浪乞丐和顽固不化的游民才会不理会收容所的“帮助”执意进行乞讨，而这些人应该为自己的行为负责。1808年7月5日，拿破仑在帝国范围内推广刑事监狱，用于集中关押来自几个省份、被剥夺自由一年以上的罪犯，同时为没有工作的人开设“慈善工场”，并决定各省都必须设立一处“乞丐收容所”。对于流浪者，法庭可判处他们6个月监禁或驱逐出境，而没有工作能力的人则必须送到乞丐收容所。在1810年法典中甚至将流浪定义成一种轻罪：流浪者或无家可归的人指的是那些既没有固定住所也没有生活来源、一般不从事任何职业也没有工作的人。（若兹·库贝洛，曹丹红：《流浪者的历史》，广西师范大学出版社，2005年，257页。）通过法律定义将流浪正式规定为违法行为，足见法兰西第一帝国对秩序的热衷，而其出台的政策具有明显的镇压性。《刑法典》规定：如果他们展示假伤口或伪装残疾，如果他们采用威胁的手段或聚众乞讨，他们就有可能被监禁两年；至于武器携带者，哪怕只是携带锉刀或钩子，他们有可能被剥夺自由权利五年。另外，明显的轻罪犯服刑之后，必须被送到乞丐收容所，以防他们重操旧业。针对健全流浪者的刑法越来

拿破仑显示了对根除乞讨的决心：“乞讨在帝国的整个领土范围内部受到禁止。”

越严厉，不仅仅要惩戒罪犯，即使服了刑也不能使之重新回到社会，而是将之视为潜在的危险分子禁闭在收容所中。至此，收容所完全成了禁闭穷人的机构，与监狱并无两样。收容所中年老病残、需要真正救济的穷人所占比例越来越少，像鲁昂、雷恩、里尔和苏瓦松等地的收容所里的犯罪人口数量超过了无依无靠者。收容所已跟其建立初衷相去甚远。

不仅仅收容所具有禁闭穷人的性质，一般的慈善机构几乎都负有此任务。作为古老的“穷人之家”，19世纪普瓦捷的医院收留大量无力再工作的老人、弃婴、少量重病患者和精神病人，是一典型的慈善机构，但是到了后期，其慈善性质发生了改变。一旦走进医院就难以再次走出医院的大门，因为医院禁止入住者随意进出。医院的修女们照顾“住院者”，同时也管理着“住院者”。她们没收“住院者”的烟、肉，对于违反医院规定的“住院者”则进行禁闭或是体罚。同时，医院明文规定禁止“住院者”玩牌、投机等不道德行为，甚至禁止喧闹、唱歌，且两人同挤一张小床；对于精神病人，为了防止他们可能伤害到其他人而将他们完全隔绝在几个小房间里。医院实际上无异于监狱，入住者完全失去了人身自由，失去了尊严，只为了能得到最低的生活保障，并在此等死。

穷人在统治阶级心目中已经对社会稳定构成了严重威胁：他们居无定所，无所事事，依靠乞讨或小偷小摸来维持生活；他们心有不甘，随时有可能伤害到安分守己者，随时会发动暴乱从而威胁到社会。“乞讨应该被每个有秩序的社会禁止，因为它维持并扩散游手好闲的行为，而这种行为是所有罪恶之母。”有时，当社会出现天灾人祸时，人们总在第一时间里将怀疑的目光投向乞丐、流浪者身上。19世纪30年代，法国受到霍乱侵袭被夺去大量人口，从而引起社会恐慌，人们将目光锁定乞丐和流浪者。乞丐被指控向井里投入神秘粉末传播疾病，外貌可疑的行人因被怀疑扩散疾病、在泉水和食物里下毒而被判处死刑。“游手好闲和流浪的状态肯定会导致混乱和犯罪并且使得这种混乱和犯罪蔓延，因此这实在是一种社会性犯罪。”（若兹·库贝洛，曹丹红：《流浪者的历史》，广西师范大学出版社，2005年，224页。）面对这些动乱的“制造者”，社会采取了严厉的惩罚性措施，并将之与骗子、杀人犯等真正的罪犯等同，社会福利已偏离它原有的轨道。

然而，正如我们在前文所论述的，驱逐、禁闭政策往往起着反作用，反而将人们推向社会边缘，走上犯罪的道路，而社会的弱势群体遭受池鱼之殃，非但没有得到帮助与救济，反而被等同于危险分子。法国十八九世纪的文学对此有大量的描述，而这些描述又得到媒体报告、政府文件的证实。乔治·桑在《巴黎的魔鬼》一书中暴露了一种因镇压而加剧并导致产生犯罪性乞讨的贫穷。“街上甚至不再有穷人，” 她写道，“你们禁止他们在外面乞讨，无依无靠的人只能在夜里乞讨，手中还拿着匕首。”朱勒·雅男则将幻影般数不胜数的一群人推上了舞台，在1845年出版的《巴黎的一个冬天》中，他描述道：“在巴黎有一些地方，如恐怖的小巷、布满迷宫般幽径的树林、废墟和住着整个城市的所有小偷的院子……晚上的巴黎是令人害怕的，这一时刻是地下民族活动的时刻……踩在泥泞的路面上的脚步声在您耳边轻声回响，这是灰色小分队开始了他们狂热的狩猎……在巴黎的宫殿和博物馆掩盖下的可怕的角落里……住着一群令人瞠目结舌的骚动的流动人群。在这里，人们看到的是结痂的伤疤和少得可怜的残羹剩饭。人们讲的是监狱里的行话，谈论的只是偷窃、杀人、监狱和断头台。生活放荡的下贱的人，令人害怕的世界，他们是这个大城市脸上一个化脓的肉瘤。”（若兹·库贝洛，曹丹红：《流浪者的历史》，广西师范大学出版社，2005年，263~264页。）巴尔扎克不无忧心地问道：“政治有没有设想过有一天穷人的队伍会强过富人的队伍，社会秩序会被完全颠覆？”在许多作家的作品中，这是一个主导性的话题，所不幸的是文学性的描写却往往得到事实的证实。政府尽管将需要帮助的穷人、老年、寡妇等送进了收容所，将健全的流浪者、乞丐等也关进了收容所并强制劳动，对屡教不改者进行严酷的刑罚，然而，效果甚微，不仅没有真正根除乞讨行为，更使得社会的弱势群体没有得到帮助与关心。

不仅仅如此，政府甚至阻止个人施舍行为，因为“社会只有义务救济残疾人，救济那些天生就残缺而且没有能力通过工作养活自己的人。在这种情况下，社会可能是有义务负责个人的生存；但是，如果说你们也负责那些虽然一无所有但有能力工作的人的生存，那么你们就会使社会变得不幸和贫穷，就会摧毁工业和工作”。（若兹·库贝洛，曹丹红：《流浪者的历史》，广西师范大学出版社，2005年，236~237页。）因此，任何人如果忍不住做出同情的举动或是被认为不负责任的关切行为，都会被处以罚款。统治阶级认为正是这些人的施舍产生并加固了乞讨和流浪，造成了大批威胁社会安定的“穷人”，因而，个人施舍、同情等行为应当受制止。这一做法影响极其不好，使得现代社会中，个人、社会不关心社会福利事业，认为社会救济是政府的职能，从而不参与社会救济，置身事外。

大革命的打击：宗教情感的丧失

随着法国社会近现代的进程，人们的宗教观念逐渐发生改变，对待社会公益事业的观念也随之发生改变，宗教情感在慢慢地丧失，一种新的现代道德观正逐步取而代之。

中世纪晚期，人们开始区分“真穷人”和“假穷人”，社会对待穷人的态度也随之发生了改变。对于年老体弱、身有残疾等“真穷人”，社会一如既往地宽容，尽可能地帮助、救济他们；而四肢健全却到处游荡，甚至小偷小摸、掳夺儿童并将之致残以博同情、造成社会混乱的“假穷人”则受到人们的厌恶与唾弃。

宗教改革后，人们的宗教情感越来越淡薄，对穷人的看法再次发生了改变。周而复始的瘟疫、持续的战乱以及自然灾害无情地鞭挞着十五六世纪的欧洲，使之死气沉沉，而本应给人们以安慰与力量的教会对此却束手无策。黑死病造成铺天盖地的死亡使宗教对死亡的解释显得苍白无力，教会与教士的腐败与追求名利则使人们对传统的基督教信仰更加失去信心。在这个时期，教廷对财富和权力的贪欲以及奢侈腐败的生活引起人们的愤恨，教士通过收取报酬主持圣事而大肆敛财的事例屡见不鲜。一些教士疏于职守，不履行在葬礼方面应尽的宗教职责，在主持宗教仪式时收取高额费用；很多教士受经济利益的驱动，离开原来所在的教区，前往能支付他们高额报酬的地方，并不注重自身的宗教修养。这些破坏了人们对教士的尊重和敬仰。

与此同时，这时期商品经济的发展改变着人们的社会关系和交往形式，而庄园制的瓦解、租佃制的盛行破除了在采邑制基础上确立的人身依附关系，并开始建立起一种个性化的社会关系。人们开始意识到自己作为一个个体在整个社会中存在的意义与作用。而宗教改革则沉重打击传统天主教。宗教改革前，英国教会什一税的1/3用于慈善事业。宗教改革后，英国大规模解散修道院，1536年解散了373家修道院，而1538~1540年又解散了186家规模较大的修道院。在16世纪中叶，英国本土大约解散了644家修道院、110座支教会举办的养育院以及2374家教会举办的施物所，受到影响的英国贫民高达8.8万人。另外，宗教改革中出现的新教几乎无一例外地强调个人的存在，宣称上帝就在每一个人的心灵深处，每个人都可以按照自己的意愿走自己的路，只要你的内心是虔诚的，因而，无需通过慈善行为来证明自己，而只需简单地“依靠信仰的力量”。加尔文甚至进一步指出贫穷是上帝预先安排好的，是上帝对人类的惩罚，“上帝给予他的子民富裕的物资，使他们能够行善……那么恶人总是在挨饿”。[Sassier (P.), DU bon usage des pauvres.Histoire d’un thène politique, XVI-XX siècles. 转引自若兹·库贝洛，曹丹红：《流浪的历史》，广西师范大学出版社，2005年，95页。]中世纪备受尊重的贫穷失去了原本的意义，穷人不再是“基督的穷人”，而成为无益世界甚至遭受上帝惩罚的人。

在经济自由主义经济学家眼中，穷人是好吃懒做、道德败坏的代表，不但不应对他们有所救济，甚至出现一种理论，认为慈善会助长他们好吃懒做的习性，依赖救济生活，造成社会资源的浪费。

这种观念到了十八九世纪有了进一步的变化。大革命之前，法国重农学派的杜尔哥批评当时法国大量存在的社会慈善救济不利于健全流浪者从事劳动，从而不利于社会发展，同时指出："那些免费供应最丰富的国家，例如西班牙和意大利的部分地区，那里的贫困程度比其他地区更为显著、更为普遍。出现这种情况的原因很简单，而且无数旅行者都已经注意到了这一原因。免费养活一大群人，就是倡导游手好闲及其引起的所有混乱，就是使懒人的境况比劳动者的境况更值得企羡，因此也就是降低了国家的工作总量和土地的产出，使一部分土地荒芜，由此引起的后果是频繁的饥荒、贫困程度的增加以及随之而来的人口减少。有技术的人口被一群无价值的人所替代，这群人由流浪的乞丐组成，听任自己犯下了形形色色的罪行。"（若兹·库贝洛，曹丹红：《流浪的历史》，广西师范大学出版社，2005年，180页。）

至大革命后，不仅乞讨逐渐不被人们接受，人们甚至开始一致认为贫穷和乞讨是由于自己的懒惰、懒散引起的，穷人应当为自己的行为负责，而不是一味地依靠社会救济，有些人甚至对穷人采取完全不信任的态度，认为穷人随时会爆发骚动甚至暴动。因而，不仅穷人在大街上乞讨的行为被政府禁止，普通大众对此行为也越来越反感，越来越多的人不愿再施舍给乞丐。政府则提倡临时救济，反对建立稳定的福利制度，从而避免穷人过于依赖慈善救济而变得懒惰成性。1890~1895年，法国22个人口超过10万的大省提出只在困难时期给予失业者以工作帮助，而没有建立起工作救济服务。全国36000个自治村中，只有114个自治村建立了长期的工作救济服务体系。（Timothy B.Smith，*Creating the welfare state in France*，1880-1940，McGill-Queen's University Press，2003，p.27.）政府这一做法得到社会普遍的认可与支持，到了19世纪末，人们甚至批评社会福利机构盲目救济，浪费资源又缺乏效率。在如此强大的社会舆论下，各地福利机构纷纷大幅度地削减救助人数。在法国里昂，被救助的人一年内减少了一半以上，从25000人下降到11000人。（Timothy B.Smith，*Creating the welfare state in France*，1880-1940，McGill-Queen's University Press，2003，p.26.）全国五个城市化程度比较高的省份，1911年得到救助的人数比1872年少了70000人，而全国范围内，1903年得到救助的人数比1890年整整少了300000人。[Timothy B.Smithy，"The Plight of the Able-Bodied Poor and the Unemployed in Urban France，1880-1914"，*Europen History Quarterly 30*，2（April 2000）. 转引自Timothy B.Smith，*Creating the welfare state in France*，1880-1940，p.26.]

实际上，在中世纪晚期，尽管各地陆续出现慈善机构的世俗化趋势，但直到大革命前，教会仍是社会救济事业中最大的赞助者和管理者，一部分社会人士仍在教会的教导下从事慈善事业。1820~1848年间，小城普瓦捷受宗教影响，积极投身慈善事业，当地医院拥有将近10万法郎的预算，而当时法国大部分医院的预算不到1万法朗，全国仅有80个预算超过10万法郎的医院。当地各大慈善机构接受的捐赠中40%来自教士，其他的绝大部分来自世俗贵族的馈赠或遗赠，男性捐赠数目从1000~69364法郎不等，女性捐赠数目从50~10000法郎不等。后者相对少些，不过他们都要求死后能得到追思弥撒。（Merriman，Margins…；ADV 0-186，Dons et legs au bureau de bienfainsancce，1820 à 1848；Robineau，'Assistance publique，charité et philanthropieà Poitiers'，pp.48-49. 转引自Elizabeth J.Van Allen，*Poverty and Power ：social welfare and private charity in Poitiers,France*,1820-1848,UMI company, 1998,pp.134-135.）也就是说，尽管到了近现代人们的宗教情感受到宗教改革、启蒙思想的冲击有所减弱，但依然有相当一部分人固守宗教传统，而教职人员仍然热心慈善事业。到1789年法国大革命爆发前，教会管理着近2200家济贫院。全国35000名修女中大约有一半的修女从事照顾病人、帮助妓女从良、抚养弃婴等慈善工作。（Frances Gouda,*Poverty and Political Culure:the rhetoric of social welfare in the Netherlands and France*,1815-1854,Rownan & Littlefield Publishers.Inc,1995,p.178.）但大革命后，情况似乎发生了改变。

大革命沉重地打击教会，试图将教会从传统的慈善救济事业中驱赶出去，尽可能地削弱人们的宗教情感，促进公共事业的世俗化。早在中世纪晚期，当人们遭受周而复始的瘟疫、战乱以及自然灾害的威胁，而教会对此束手无策时，地方政府便毫不犹豫地插手传统的慈善救济事业，慈善救济不再是教会一统天下。大革命后，教会更是遭受重大打击，世俗政权通过政治手段逼迫宗教退出公共领域，强行在社会领域驱逐宗教，从而有效地削弱宗教的政治和社会影响力。比如说，政府没收教会财产，同时不再支付教士们的薪俸，禁止教会列队行进，禁止教堂敲钟，禁止教士在教堂以外穿教士服装等。尽管拿破仑与教皇1801年签订的《教务专约》重新规范了宗教，天主教被确认为“法国绝大多数人”的宗教；尽管复辟王朝统治时期教会恢复了国教地位，甚至恢复了部分宗教罪，如1825年的亵渎圣物罪；尽管法兰西第二帝国时期，天主教不容诋毁，但是，从法兰西第三共和国开始，世俗政权不断地推进世俗化政策，政府干扰、批评教会在公共领域，尤其是在慈善救济方面的工作。

19世纪40年代，法国中央政府派视察人员前往普瓦捷市视察当地的慈善机构，发现当地医院的财政一直是由修女们负责时，视察人员对此表示了不满。同时，视察人员对修女们常到乡下探望与养父母们同住的弃婴以确认他们是否受到虐待的行为表示了强烈不满,认为这是修女试图进一步干涉公共慈善事业的表现。对此,内政部和当地市议会全力支持视察人员,而普瓦捷医院管理委员会则坚决支持修女们,双方由此爆发了激烈冲突。议会成员指责医院"管理不善且浪费金钱",直指医院的财务状况,并要求市议会减少给予医院的补助金。1845年,内政部根据视察人员的报告而发布通知,指出了普瓦捷医院管理委员会的违法行为,要求该管理委员会自行解散。但是,普瓦捷市医院管理委员会不但没有按照通知解散,反而反驳了市议会的指责,双方因而起了更为严重的冲突。市议会通过一再地减少给予医院的补助金企图逼迫医院管理委员会屈服,甚至以1848年不再给予医院任何补助金相威胁,但医院管理委员会毫不屈服。普瓦捷医院艰难经营,在1848年革命爆发前,医院赤字已达3万法郎,因此,普瓦捷医院不得不减少90张床位,而这些原本是提供给体弱多病的穷人和无家可归者的。也就是说,在这场争斗中,穷人是真正的受害者。医院不得不减少救济资源而勉强经营,"穷人们不能确定在他们困难时期援助机构能否帮助到他们"。(Elizabeth J.Van Allen, *Poverty and Power: social welfare and private charity in Poitiers,France*, 1820-1848, pp.188-219.)

普瓦捷医院修女遭受指责的情况在19世纪的法国医院几乎到处可见,这时期,教士和护理修女在医院里的地位受到挑战,世俗政权试图通过对他们的指控来促进医院的世俗化。1878年,巴黎开始了世俗化医院的诉讼程序。在医院里当助手的修女被指控强迫不信仰者接见牧师,还被指责普遍地忽略了现代医疗技术。巴黎市议会通过用世俗的护士取代修女,移走宗教符号和保护病人不受到教士积极的改变宗教信仰游说等方式促使巴黎医院的世俗化。(Thomas A Kselman, *Death and the Afterlife in Modern France*, p.98.)

医院原是中世纪教会的附属机构，是重要的慈善救济机构，在传统慈善事业中发挥着重要的作用。

到了19世纪，伴随着现代医学知识的发展以及政府对医院的世俗化历程，其逐渐失去其慈善救济的一面，而成为纯粹以医学定义的医疗机构。

这对于医学界发展现代医学技术、扩展医学知识领域来说，无疑是件值得庆贺的事情，但对于那些无力支付医疗费用的年老体弱者和病人等来说，却绝对是件令人备感无助的事情。

与此同时，政府指责教会的施舍不分对象，不辨是非，正是教会“慷慨”的施舍助长了健全的流浪者的惰性和依赖性，养成了他们懒惰、不思进取的习性，最终不利于他们自身的发展和社会的进步。1817年，普瓦捷当地地方官员抱怨穷人太过于依赖教会救济机构的福利；1840年，市议会警告：传统慈善的危险在于过多的捐赠造成穷人更容易到处行乞，破坏社会治安。特罗波认为，人们在城市中所见到的贫穷现象很大一部分是由于教会及其“慷慨”的施舍所引起的。“在普瓦捷，在其他地方也有可能，许多贫穷的出现并不是由于缺少仁慈，而是由于大量的施舍；因为我们被告知‘宗教观念在这儿仍有极大的影响力’。且人们将会发现罗马教会贡献的大量施舍，以及那个教会的许多理论和实践维持的那些懒惰的刺激产生了贫穷，比分发捐赠可能减少持续增长的需要和必需品更快。”（Trollope,A Sunner in Western France,p.180. 转引自Elizabeth J.Van Allen,*Poverty and Power :social welfare and private charity in Poitiers,France* ,1820-1848,p.132. ）针对屡禁不止的流浪与乞讨，人们把矛头指向了教会。

教育世俗化：教会再受打击

大革命对教会的打击不仅仅出现在慈善救济事业领域，同样体现在其他公共领域,比如说教育。

公共教育是社会福利的一大组成部分,政府通过教育的世俗化,进一步将教会排斥在社会福利事业之外。

中世纪时期,教会几乎垄断了公共教育事业,教会教育几乎成为公共教育唯一的教育形式。早在查理曼帝国时期,由于学者如阿尔库因的劝告和影响,查理曼在他的帝国范围内到处兴办教育。在查理曼看来,年轻人只有懂得《圣经》的道理,才会有道德和文明的行为举止,而这需要通过教育来获得。公元789年,查理曼指示高级官员:“不仅要教育奴隶的儿子,也要教育自由民的儿子。要在各处建立学校,教男孩子读书。”(N.Downs, *Documents in Medieval History*, *New York*, *1959*, P.33.)据此,高级神职人员、宫廷大臣等都要在本地建立学校,不仅招收贵族子弟,也招收自由民的子弟,还招收仆役的子弟。教育的宗旨是培养基督化的生活方式。公元794年或796年,查理曼给富尔达修道院院长包固夫写了一封著名的信《论培养知识》,在信中,查理曼指示修道院长和他的同事们:“兹特晓谕尔等,你们的忠诚是蒙神悦纳的,我们和我们的忠心仆人感到,在我们管辖下的主教区和修道院,不仅应该按圣洁的规章,过修道的生活,还应该向蒙神恩待、能够学习的年轻人进行与他们程度相当的语文教育……凡学习不好的青年,他们也不可能虔诚。凡不读书识字的,也不可能懂得《圣经》的智能……希望你们从自身做起,端正言行,使凡来到你们面前的人都能从你们的言论行动和唱诗中得到教育,归荣耀给神。”(B.Pullan,ed.,*Sources for the History of Medieval Europe, from the Mid-eight to the Mid-thirteenth Century*, Oxford,1966,PP.27-28.)正是通过查理曼——还有在他背后出谋划策的神职顾问们——的努力，基督教知识分子的文化逐渐演化为社会上层的世俗文化。从那个时候起，教会、神职人员在公共教育中扮演着无可替代的角色，受到人们的尊重与保护。“一切学者，尤其是讲授神圣法律的学者，为进行教育而旅行，各地不得有任何留难，并应确保他们的安全。各种教师献身知识，以知识启迪民众，引领民众顺服上帝及其仆人即朕，理当受到保护、支持。”（B.Pullan,ed., *Sources for the History of Medieval Europe, from the Mid-eight to the Mid-thirteenth Century*, P.104.）

在整个19世纪，教会与政府为争夺教育的控制权而发生了争斗，教育的世俗化因而带有更多的政治色彩。

然而到了近代，情况发生了改变。早在启蒙运动时期，启蒙思想家们就抨击教会对公共教育的垄断。大革命以来，法国执政阶级的态度更为激进，他们把教育作为建设民族国家和政治社会化的主要手段之一，力图世俗化宗教教育直至完全剥夺教会的教育主办权，将教会从教育领域彻底清除出去。

1850年3月15日，以教育部部长法卢命名的教育法通过，并沿用至1879年。法卢教育法的第一条规定：教师的主要职责是对儿童进行宗教教育，让他们在头脑中铭记对上帝的责任感。法卢教育法以教育自由为名将教育主管权交给了教会，从国民教育最高委员会到其他各级教育管理机构中，神职人员的地位显著提高，天主教会在教育领域拥有更大的自主权，至19世纪70年代，宗教教育一度达到鼎盛。国立中学和市立中学增加了宗教考试和每周一小时的宗教教学，宗教成为学生日常生活中的重要内容，宗教教育甚至成为包括世俗教师在内的所有教师的重要职责。法卢教育法通过后,宗教教育在法国遍地开花:“1850年,法国共有世俗学校50267所,宗教学校10312所;1863年分别为51555所和17206所;1843年,世俗教师共有58577人(其中,男教师44173人,女教师14404人),宗教教师16958人(男教师3128人,女教师13830人);1863年分别为61826人(男教师40817人,女教师21009人)和46973人(男教师8768人,女教师38205人)。1850年,宗教学校的男女在校生人数在学生总人数中所占的比例分别为15%和45%,这一比例在1863年分别上升到22%和54%。[R. D. Anderson,*Education in France (1848-1870)*,p.112,转引自郑崧:《反教权主义与19世纪下半叶法国的教育世俗化》,载《世界历史》,2007年第1期。]1870年,有150万学生接受天主教的教育,占到学生总数的40%。70年代,天主教教育继续得到发展,1876年达到顶峰。1878年,经批准成立的女修会一共控制着10951所公立学校和5527所私立学校,合法的男修会控制着2328所公立学校和768所私立学校。此外,还有140个未经批准的教育修会。1880年,495万学生中有220万接受天主教学校的教育,约占44.4%。[Evelyn Martha Acomb:*The French Laic Laws (1879-1889):the first anti-clerical campaign of the third France republidc*,New York:Columbia University Press,1941,p.18.]

面对天主教在教育领域无限扩大的权力,反对教会垄断教育的声音日益强烈,政府与教会展开了争夺教育控制权的斗争。法国执政党普遍认为宗教教育中宣传的普世主义、宗派性以及保守性不利于统一民族国家的建立,不利于现代民族政治的建设,正如教会“慷慨”的救济造成人们懒惰成性不利于社会发展一样。因而,执政党一方面全力排挤教会在传统慈善救济中的地位,另一方面则想方设法打击教会在教育领域的统治,促进教育世俗化。立法院议员艾德加·魁耐在《人民的教育》一书中指出:“任何一种宗教都不能代表法国的精神,传播这种精神的教育应该不依附于任何一个教会”,“教师传授的学说比任何牧师更具有普遍意义”。艾德加·魁耐呼吁一种基于信仰和科学的具有共和精神的国民教育。而教职人员则针锋相对,毫不客气地指出:“没有教会,社会就没有了原则;没有牧师,就不存在道德教育;没有神坛上的烛光,世界就一片黑暗。”(郑崧:《反教权主义与19世纪下半叶法国的教育世俗化》,载《世界历史》,2007年第1期,)“为民众开办的学校主要是为了向他们提供宗教教育,是为了把虔诚的行为和真正的基督教道德训练带给他们。而这些有利于培养年青一代正确的伦理道德观念。”双方争执不下。

1905年《政教分离法》颁布前,这种争斗达到了白热化程度,双方都几乎一致认为“谁控制了学校,谁就能支配世界;谁控制了法国的学校,谁就能统治这个国家”。于是,教会大肆发表言论宣扬宗教教育对年轻人道德教育的重要性,极力扩大宗教教育的影响力;与此同时,教会不遗余力阻挠世俗教育的发展,其主要体现在对教师的控制上。首先,扩大师资的培养以期控制学校教育。根据法卢教育法,诺尔省的天主教开办从事教育活动的教团,并建立“教权派”师范学校,培养具有宗教信仰的教师,从而逐步控制了当地的公立初等教育系统。其次,针对那些不受控制的世俗教师,教会通过开办免费学校争取生源,并且通过威胁不让世俗学校的学生参与领圣餐礼等形式争夺生源,排挤世俗教师,为此甚至不惜对世俗教师进行人身攻击。一位神父指责当地一位世俗女教师是“一个小偷,一个不体面的女人,行为不端”,是“引发灾难、谣言和谄媚的祸水”。(Sharif Genie,*The School mittress's Revenge:Secular School mistress*,Acadenic Authority and Village Conflict in France,1815-1848,转引自郑崧:《反教权主义与19世纪下半叶法国的教育世俗化》,载《世界历史》,2007年第1期。)

面对教会的挑衅行为，政府毫不示弱，采取了各种措施给予有力的还击，确保自己对教育的控制。共和派一上台就着手教育改革。“以小学教育为首要宣传手段，以世俗化和爱国主义为主要内容的第三共和国的意识形态，使这个制度有了自己的灵魂。”（巴内特·辛格：《法国大革命期间的精英学校教育》，载《教育史季刊》，1977年秋季，转引自郑崧：《反教权主义与19世纪下半叶法国的教育世俗化》，载《世界历史》，2007年第1期。）在此影响下，普通民众也开始反对教会的宗教教育。19世纪中期，法国夏朗德省的一些家长反对在学校中实行宗教教育，因为他们希望自己的孩子能有更多的时间用于学习其他科目。

与此同时，法兰西第三共和国先后进行了两次教育改革，进一步推进教育的世俗化，并基本上实现了教育制度的世俗化。第一次改革由茹尔·费里主持。19世纪80年代，费里当选为法国总理，他上台不久就取缔了《教育自由法》，颁布命令规定未经政府允许的宗教团体不得办学，一举取缔了在教育领域颇有影响的耶稣会。1881年、1882年，政府连续颁布两项法令规定小学教育免费、义务和世俗化的制度以及必须对学生进行公民道德教育的内容，将宗教教育排除在公共教育体系之外。

经过茹尔·费里的教育世俗化改革，天主教在公共教育体系中所起的作用以及影响逐步减弱。1878~1886年间，在加尔省，在男子公立学校中，由宗教人员管理和任教的减少了71%，女子学校中减少了33%，在诺尔省，则分别减少了47%和24%。（罗伯特·吉迪：《法国外省的教育，1800~1914年》，牛津大学出版社，1983年，143页，转引自郑崧：《反教权主义与19世纪下半叶法国的教育世俗化》，载《世界历史》，2007年第1期。）在初等教育领域，天主教公立学校在校生人数在学生总数中的比例也在不断地下降：男生的比例从1875年的19.4%下降到1880~1881年的11.2%，1900~1901年则只剩0.7%；而女生下滑速度更快，由1875年的40.6%降到

1900~1901年的9.7%。(Hugh Mcleod & Bob Scribner,*A Social History of France Catholicism*, 1789-1914,1989,p.98,转引自郑菘:《反教权主义与19世纪下半叶法国的教育世俗化》,载《世界历史》,2007年第1期。)

第二次教育改革由孔勃主持。1902年,激进派孔勃上台后进一步推动法国教育的世俗化。根据1904年7月7日颁布的一项法律,禁止所有教团成员从事教学活动,它们的学校在10年内逐步关闭。19世纪末20世纪初,一系列世俗化措施纷纷出台:废除宗教假日休息的义务;公共教育最高委员会的世俗化;墓地管理的世俗化;医院的世俗化;取消公共仪式的宗教祈祷;恢复离婚权利;在公共场所除去宗教标志;强迫神职人员服兵役等。1905年,又通过了《政教分离法》,该法令在保证法国人信仰自由的前提下,明确规定,“共和国对任何宗教仪式既不承认,也不给予工资或津贴”,凡属于举行宗教仪式的开支,一律从国家预算、省政府预算以及市镇预算中取消。法案还规定教会只能管理宗教组织,不得干预政治,教会财产归教会自理,国家不再监督教会,从而彻底实现了国家的世俗化。第五共和国宪法重申了这些原则。宗教信仰成为纯粹的个人事务,与国家毫不相干,教会从此不许干预政治,而且,教会被彻底地清除出社会公共教育体系,在社会公共领域中的地位逐渐丧失,而人们的宗教情感也在慢慢地淡化。

法兰西第四共和国正式将世俗化原则写入了宪法,规定“各级公共、免费和世俗教育的组织是国家的责任”。

尽管随着社会的近代化进程,教育逐步走向世俗化,教会失去对教育的全权控制是历史的必然，也有利于教育体系本身的发展，但是正如我们前文所论述的，法国近现代教育的世俗化更多体现的是教会与政府之间的政治争斗，在此过程中，宗教教育遭受重挫，一些世俗学校也遭受牵连，使得这时期法国公共教育资源严重不足，真正的受害者依然是法国的普通民众。

1818年，在基督教会兄弟会的领导下，普瓦捷市的贵族宗教团体准备建立一所宗教学校以改善当地的公共教育情况。刚建立时，这所学校受到当地政府的大力支持以及当地民众的认可，市议会给予学校2000法郎的资助，学校在短短一年内获得了快速的发展，并着手建立分校。但是，1830年路易·菲利普上台后主张打击教会，这所学校开始遭殃。市议会转而反对兄弟会垄断当地的公共教育，同时拒绝将兄弟会学校列为市立学校，宣布要成立一所世俗学校，并从次年开始减少对兄弟会学校的资助。1832年，兄弟会学校则完全被排除在政府资助名单之外。对此，普瓦捷市市民大为不满，曾多次向议会请愿，要求重新支持该校，以使更多的贫困生能继续求学，但议会拒绝了这些请求。兄弟会学校失去了市政府的财政支持与行政认可，尽管得到了当地部分贵族的慷慨资助却依然经营困难。学校惨淡经营直接影响到了原受该校帮助而免费接受教育的贫困生，同时，学校屡屡出现的财政困难以及行政上的不便无可避免地影响到了学生的学习与生活。

教育世俗化是历史发展的必然，是法国建立一个现代国家的必经阶段，是社会进步的体现。然而，教会与政府为争取教育的控制权而针锋相对，甚至互相攻击、争斗，使教育世俗化成了政治战争的牺牲品，而普通大众则是这些战争的受害者。直到20世纪，法国天主教经过调整，慢慢地在现代社会中重新定位，建立了许多组织和机构，如保留了教会学校，赞助体育协会、各种慈善机构、工会组织、妇女组织、青少年团体等，并注重青年和妇女在教会中的影响，教会才重新在社会福利领域内发挥一定的作用。

十八九世纪，在启蒙思想家的影响下，在大革命的冲击下，法国的宗教情感遭受打击，逐步减弱，而一种崭新的现代公民伦理道德观念正在悄然产生并壮大，并开始了法国近代化进程，这无疑是一大进步。比如说，教育世俗化有利于法国现代教育的建立与发展，而社会救济的世俗化则为法国现代福利制度的建立与发展奠定了基础。但是，在此过程中，政府为争夺历来被教会控制的公共领域权力而全力排挤教会，只注重行政上的夺权，却忽视甚至抹杀了教会在教育、慈善救济等公共领域所做出的突出贡献与所起的教化作用，政府不断打击教会，排挤教会，导致教会在社会福利领域所起作用越来越小，未能在现代全民社会福利建设中发挥应有的贡献与作用。而政府在全力否定甚至贬低教会在社会福利中所做的贡献的同时，却没有做好建设社会福利的准备，只顾一味地夺权与镇压，致使长期接受教会援助的普通民众深受其害，贫苦人民的生活困苦不堪。十八九世纪，法国社会福利被扭曲了，成为政府争权夺利、维持社会稳定、巩固政权的一大工具。

大革命对其他慈善机构的打击：政府的全面胜利

法国大革命不仅沉重地打击了教会的慈善救济事业，也对传统的慈善团体、机构造成了一定的打击，传统的社会救济体系显得更为脆弱无助。

大革命前，济贫院、收容所的收入绝大部分来自个人馈赠，尽管国王通过各种法令法规将收容所置于政府管辖下，但国王只下令不出钱，济贫院、收容所的财政收入基本上都是来自贵族的馈赠、宗教特权等。在特鲁瓦、讷维尔、朗格勒、布雷斯的布尔格以及格拉斯，收容所的财政状况相当平衡；至于勃艮第地区的63所济贫院，则全部在没有国家或王室干预的情况下生存了下来。但是大革命期间废除了特权，间接地打击了济贫院以及收容所。济贫院、收容所是受到个人捐赠、遗赠的帮助，从巴黎到外省，每个济贫院都有自己的领地，而这些领地拥有征收什一税的特权，这些特权还包括了免税权和特殊恩惠等，济贫院、收容所则是这些上缴的税收的受益者。在利摩日的圣亚利克西，通过特权所获得的财政利益，如什一税等构成了济贫院收入的1/6，而在加亚克则占了一半。除此之外，济贫院还经常从对进城货物收取的税收中获益。比如说，巴黎的“上帝之家”对每一母依（母依，法国古代的容量单位，因地方、时期和货物品种不同而有差异。）葡萄酒收取30苏的税收，并对干草、盐和木材享有各种权利。而且在很多情况下，不管是在巴黎、昂热还是艾克斯，受法律制裁而必须接受罚款的人，其款项的一部分（通常是1/4）成为济贫院的财政收入。在梅斯，不戴“黄帽子”的犹太人会被判处“罚款3锂并施舍6锂”给该城的圣尼古拉济贫院。（若兹·库贝洛，曹丹红：《流浪的历史》，广西师范大学出版社，2005年，230页。）但是，大革命废除了如免税权、特殊恩惠等特权，使得济贫院、收容所失去了一笔数目可观的财政预算，大革命对大贵族财产的收入的限制更使得济贫院、收容所失去了财政收入的依靠。很多济贫院、收容所因此惨淡经营，境况悲凉，使得入住其内的穷人更是雪上加霜。根据统计：1438家济贫院和大约2000家慈善机构的总收入从1788年的2087.5万锂跌到1398.8万锂。（A.N., F 15103, *Lettre de Pius sur l'administration hospitalière* ,cite par A.Forrest,Les Pauvres et la Révolution,op.cit.,p.72. 转引自若兹·库贝洛，曹丹红：《流浪的历史》，广西师范大学出版社，2005年，231页。）大批济贫院、慈善机构财政上出现了严重困难，以至于政府不得不从1790年4月起开始允许济贫院继续开发它们的产业以及接收正在变得越来越少的施舍。1790年10月，政府甚至决定暂时不将济贫院、收容所的产业、领地列入正在拍卖并且收归国有的清单之内，从而在一定程度上缓解了济贫院、收容所的困难。

由于受到大革命对贵族打击的影响，贵族设立的城市慈善基金这一慈善形式在传统社会救济领域里消失殆尽。

在罗讷河口省，阿洛领主废除“封建制度”的同时结束了在冬季给受失业影响的季节工分发面包的传统慈善活动；在奥里奥尔，什一税中的一部分原用于给最贫穷的居民提供衣物，什一税作为封建特权被废除后，该地穷人的衣物也就没有了着落。而在塔拉斯孔地区，该地的盐商业特别发达，因而其行会对该地穷人的帮助很大，但是盐税消失后，塔拉斯孔的繁荣随之烟消云散，行会也跟着解散。

跟行会联系在一起的兄弟会体系也逐渐崩溃。正如前文所述，从中世纪起，行会、兄弟会成员间奉行慈善和互助的原则，将其成员包容在特殊的互助网络中，行会、兄弟会用专门的救济基金援助有困难的兄弟，并进行大量的慈善活动，使众多的弱势群体受惠。然而，到近现代，废除行会的运动将行会、兄弟会一并取消，从而使传统慈善事业失去了相当重要的组成部分。1791年2月15日，德·阿拉炙德要求取消行会管理会和师傅制度，并于次日提交了法律计划，预计取消假发师、理发匠、浴室经营者等行会的师傅制度，并计划从1791年4月1日起陆续废除其他行会管理会和师傅制度。这项法律于3月2日通过，3月17日颁布，从而开始了废除行会的行动。从1790年起，施舍行为越来越少，所有旧有的救济机构也变得支离破碎，“一些小小的慈善组织因为其宗教内涵而被粗暴地取消了，独立慈善办公室的个人主动性受到限制，行会的废除使市镇失去了救济资金的一部分宝贵来源”，有高度审判权的领主因为失去了权限，就不再有义务照顾他们旧领地上的弃儿。（若兹·库贝洛，曹丹红：《流浪的历史》，广西师范大学出版社，2005年，227页。）同时，议会取消了诸如“母性慈善团体”“慈善团体”和“慈善之家”等私人团体，救济体系越来越脆弱。

另外，从中世纪起就一直承担着慈善事业的医院在大革命的打击下也出现了不同程度的经营困难。1847年法国1164家医院中有一半的医院财政预算低于10000法郎，剩余的医院中只有278家的财政预算在10000~30000法郎之间，财政预算超过10万的医院在全国只有区区的80家。（Elizabeth J.Van Allen, *Poverty and Power :social welfare and private charity in Poitiers,France, 1820-1848* ,UMI company,1998,pp.169-170. ）至19世纪，“医院收入的大部分来自市政府补助金”。（Elizabeth J.Van Allen, *Poverty and Power :social welfare and private charity in Poitiers,* France,1820-1848,UMI company,1998,p.165. ）政府资助开始成为慈善机构的重要资金来源。实际上，不仅仅慈善机构遭受打击，与大革命前相比，上层社会人员的捐赠也明显减少。这也是19世纪末20世纪初政府补助成为慈善机构重要收入来源的原因之一。一战前，国家提供的补助金占全国公共援助支出的37%，而在19世纪80年代早期，比例仅为4%。（Timothy B.Smith, *Creating the welfare state in France,1880-1940* ,McGill-Queen's University Press,2003,p.53.）

十八九世纪的法国正是通过各种法令、法规将教会、公众、社会力量排除在社会福利之外，从而获得全面胜利，将有关社会福利的统治权牢牢控制在自己手中，从而有利于民族国家的建立。发展教育事业、慈善事业的世俗化本无可厚非，是社会进步的体现，但是，在世俗化过程中，政府似乎显得过急、过激，几乎将所有的传统的慈善主体都排斥在社会福利门外，由政府一力承担，但国家却似乎无力承担社会福利所带来的沉重负担。所有这一切实则不利于社会福利的发展与壮大，使得社会福利事业过分依赖世俗政权，过分依靠社会福利制度，将社会力量排除在外，将人们的真心关怀与帮助弃之如履，社会福利成为政治斗争的工具，成为条条框框的法律条文。十八九世纪，法国的社会福利被扭曲了。

而这时期，英国的社会慈善事业仍然相当发达。19世纪60年代，伦敦拥有640家慈善机构，当中包括124所慈善学校和老年院，80所慈善医院，72家世俗慈善基金会，56个教会慈善基金会，16家聋、哑、盲者慈善院，14家慈善孤儿院，以及4个专为印度灾荒提供救济的基金会。且伦敦慈善机构的各种财产收入数额庞大，收入为83万英镑，个人捐款为160万英镑。（Edward Royle，*Modern Britain, A Social History*, 1750-1985, Amold, 1987, p.181，转引自丁建定，杨凤娟：《英国社会保障制度的发展》，中国劳动社会保障出版社，2004年，9页。）1869年，英国建立了全国性慈善组织机构——“慈善组织协会”，协调各慈善机构之间的关系，促进各慈善机构间的合作，以便集中各慈善机构的财物，有计划、最大限度地发挥救济慈善作用。

社会福利的法律保障

十八九世纪，人们对贫穷的看法较之中世纪已发生了翻天覆地的变化，由中世纪的“基督的穷人”变成了生活混乱、道德败坏、好吃懒做的人，甚至是罪犯、病菌传播者、暴动的潜在分子等，社会对待穷人的目光变得相当严厉，穷人不再令人同情、怜悯，不再得到人们的帮助，反而是使人们感到害怕与憎恶的一群人。而政府则延续甚至加强了中世纪晚期对穷人的镇压政策，秩序成为政府救济穷人、从事社会福利的最终目标。然而，尽管十八九世纪政府对待贫穷是在镇压中体现救济，但是社会福利作为一种社会权利却在这时期以法律形式确定下来，扶贫救难成为一种社会责任，工作成为一种权利，穷人的生活保障从此有了法律保证，这无疑是一大进步。

中世纪，教会、行会、兄弟会等慈善机构以及个人同情、怜悯穷人而帮助他们，这是其表达对上帝虔敬的一种方式，是宗教情感的流露，而非从被救济人的真正需求出发，救济只是为了灵魂能得救。穷人生来就是为了拯救富人的灵魂，他们被委托给教会，教会也因此承担了一大部分社会福利责任。但是，这种救济随意性、变动性很大，可有可无，可多可少，当时代的不幸达到无法忍受时，穷人就会成为最大的受害者。中世纪晚期，政府从维护社会秩序出发，开始严厉对待穷人，出台镇压政策，将镇压与救济结合，穷人被无情地关在济贫院、收容所，遭受社会抛弃，穷人并没有得到尊重与真正的帮助。然而，随着时代的进步，情况正在悄然地发生改变。

文艺复兴时期，在人文主义思想的影响下，西方社会价值开始发生改变，依靠自己的劳动追求金钱和现世幸福逐渐成为社会价值观念的重要组成部分之一。这时期，人们认为社会福利的基本目的在于关注人的正常生活和社会的和谐发展。宗教改革时期，传统的天主教观念受到批判，直接对其以神为中心的宗教神学思想提出了挑战，进一步弘扬了以人为核心的人文主义思想，使得以人为本的理念，以及关注民主、追求现实生活幸福的思想等深入人心。只不过人们走得更远，将维护社会秩序当成促进社会和谐发展的一个直接有效的方法，从而对穷人采取了不宽容的态度。

到启蒙运动时期情况又发生了改变。孟德斯鸠在《论法的精神》中认为，某些人财富增长的原因在于他们夺取了一部分公民的物质必需品，从而使一部分人变得贫穷而产生了游手好闲的流浪者。卢梭在《论人类不平等的起源和基础》中则指出，有钱人以吸食“穷人的血液”为生，以穷人的不幸为乐；在《社会契约论》《爱弥儿》中也论述了相类似的论调。雷纳尔修士甚至援引《圣经》作出断言：“到处是富人剥削穷人。”这时期，启蒙思想家们以及一些教会人士，认为财富的增长来源于对“穷人的食粮”的吞噬，一个阶级的极度富裕必然导致另一个阶级的极度贫穷。因此，穷人以及因境况所迫成为乞丐的不幸者都不必为自己的贫困负责,是富人、有钱人制造了贫穷。如果人类有时在不幸中挣扎,社会就应当承担起这方面的责任。

从那个时候起,游手好闲、无所事事并最终被关进济贫院、收容所的“坏穷人”们,在一些启蒙思想家、官员眼中成了受害者,是贫穷迫使他们走上了乞讨和流浪的道路,是政府的禁闭政策将他们排斥在社会集体之外,使其丢失了改进自新的机会与可能性。

在此思想影响下,法国制宪会议设立了一个由拉罗什富科-利昂库尔公爵主持的乞讨问题委员会。拉罗什富科-利昂库尔公爵毫不含糊地指出:社会的责任是力求防止贫困,救济穷人,为需要以工作谋生的人提供工作,强迫拒绝工作的人参加工作,最后救济没有工作、因年龄和身体缺陷无力从事工作的人。委员会承认每个人都有生存的权利,但是那些四肢健全的人应当通过工作养活自己,因为四肢健全而不工作是可耻的、不值得帮忙的。拉罗什富科-利昂库尔在委员会中引入了一些社会救济方面的专家,如邦塞尔夫、米利埃、蒙利诺等。委员会在成立后的18个月内共召开会议70次,上呈了一封工作计划和七篇汇报,这些计划和汇报将成为从制宪会议到山岳派时期的国民公会所采取的所有有利于穷人的措施的基础,且法令在不断地完善中。

首先,制宪会议承认了“穷人在社会上的权利”,即他们有权享受社会救济,从而明确抛弃了慈善概念。既然真正的穷人应当而且可以得到国家的帮助,而健全的穷人必须工作,那么个人施舍就显得毫无意义了。“社会在保障其成员工作的同时,有理由禁止一切剥夺其有权要求的工作的活动”,个人施舍只会妨碍人们积极寻找工作。正如委员会在报告中指出的“人们总想着要救济穷人,却从没有想过穷人享受其在社会上的权利,以及社会在他身上的权利”。[Bloch(C.) et Tuetey(A.),*process-verbaux et Rapports du Comité de mendicité de la Constituante*,Paris,1911,Premier Rapport,转引自若兹·库贝洛,曹丹红:《流浪的历史》,广西师范大学出版社,2005年,209页。]“每个人都有生存的权利,社会必须救济每个有可能失去生存机会的成员,而且这种救济行动不能被视为是在做好事,它可能是每颗敏感、人道的心灵的需要,是所有有思想的人的愿望;但它同时也是所有正处于贫困中的人最起码的最不可缺少的责任,不管施舍的名称和性质如何,这种责任都不能受到轻视。最后,它是一切社会神圣不可侵犯的债务。”(若兹·库贝洛,曹丹红:《流浪的历史》,广西师范大学出版社,2005年,210页。)我们姑且不论委员会对待穷人的真正态度,单就社会第一次确认弱势群体的需求以及作为个人在社会的权利与尊严来说,这毫无疑问是社会一大进步,是人类文明的一大体现。救济穷人、帮助弱势群体成为社会的义务与责任,而不再是宗教虔诚的见证,也不再是政府单纯的司法行为。

其次,工作成为一种权利,也是健全的人的一种义务。中世纪晚期,世俗政权将穷人关进收容所并强迫其劳动,劳动成为对社会弱势群体的一种惩罚形式,从而剥夺他们作为个人的尊严与自由。但在一些启蒙思想家心目中,工作已经开始转变成为一种权利,这种看法得到执政家们的认可与支持。德尼·狄德罗的《百科全书》中提到,“所有在世上一无所有、被禁止乞讨的人们都有权利要求以工作谋生存”。工作成为一种权利得到确认,而法律的制定应该“更着力于纠正罪犯而不是惩罚他,应该努力使他变得有益他人、有益自己而不是失去他”。(若兹·库贝洛,曹丹红:《流浪的历史》,广西师范大学出版社,2005年,182页。)因而“强迫劳动”只适应于那些真正危害到社会、危害到人类的罪犯,工作则是社会中每一个人的正当权利。除此之外,“强调工作的必要性,就能引导他们认识到成为有用的、有道德的市民的必要性,就能在他们和社会之间建立起一种相互的义务”。(若兹·库贝洛,曹丹红:《流浪的历史》,广西师范大学出版社,2005年,238页。)工作由原先宗教意义上将亚当与夏娃驱逐出天堂的神的诅咒以及避免游手好闲这一罪恶之源的良药变成了神圣不可侵犯的权利与义务,从而不再具备赎罪价值,不再是强迫性的刑罚,而是现代社会中一个有道德的市民必不可少的权利与义务，尊重个人的权利成为现代社会福利的基本原则，法国社会的文明又大大地向前迈了一步。

最后，法律明确规定国家有责任负担公共救济事业的费用。1793年6月，雅各宾派政府宣布“社会必须为不幸的市民提供生存的机会：或向其提供工作，或保障那些没有工作能力的人拥有生存的手段”。（若兹·库贝洛，曹丹红：《流浪的历史》，广西师范大学出版社，2005年，237页。）政府以法令许下承诺并开始承担起社会福利的责任。实则上，在此之前的罗伯斯庇尔走得更远，他在提案中提出：“社会有责任为每个成员提供生存机会，或向其提供工作，或保障没有工作能力的人拥有生存的手段。”他针对的是社会中的每一个成员，而不仅仅是“不幸的市民”。可是，雅各宾派政府却将对象局限在“不幸的市民”身上，从而在一定程度上阻碍了法国现代社会福利事业的发展。

政府接手社会救济，但法令明确提出，受救济权利“属于弃儿、残疾人和老人”，工作则是健全人的权利与义务。1794年5月11日法律的颁布，使全国性慈善事业的大书就此翻开了新的篇章，没有能力工作的穷人享受到该法律规定的很多权利。年老体衰的农民和手工业者以及农村中有子女需要照顾的寡妇能够享受补贴，而对于贫穷的病人，国民公会优先考虑的是送上家门的救济，而不是将他们送到濒临破产的收容机构。在各省，委员会负责为老弱病残提供住处、食物和衣物。另一方面，慈善委员会的成员为了筹集为乞丐提供食物所需的资金而走遍大街小巷，并把资金、衣物等赠送给登记在案的乞丐。救济失去了个人行善的性质，而成为团体帮助穷人的互助行为。“每个省份，每个地区，每个城市都为残疾人建立慈善机构，为所有性别和年龄的人建立公共工场。在公共工场中确立固定工资，以便使劳动者一年四季都足够养活一个父亲和他的家庭。希望这些一直开放的工场和竞争促使所有地主、所有工场的老板支付至少同等的工资。”（若兹·库贝洛，曹丹红：《流浪的历史》，广西师范大学出版社，2005年，220页。）

1828年，政府授权马利建立“国家工厂”，招募所有无业人员，从事道路工程，每人每天可拿到两法郎的工资作为报酬。“国家工厂”3月中旬只招募到2万工人，而到了6月初，人数已增加到11.8万人，从而为一批健全的穷人提供了工作保障。

政府进行的社会救济不再是“盲目而慷慨的”，接受救助的人必须符合一定的道德品行。

评定被救济人的道德品行有时是根据被救济人所居住的环境而定。1845年，寡妇阿尔蒂被协会列入重新考虑的名单，因为指派到她家访查的协会成员发现阿尔蒂住在一个“不恰当”的地方，如果阿尔蒂搬离此地，到好一点的地方，协会就会重新考虑继续给予她援助。也就是说，协会成员对接受援助人的生活环境很看重，如果协会成员认为其住在混乱地区的话，那么他得到救济的机会将会有所减少，有时被救济人邻居的品行也会影响到被救济人能否得到救济。1844年，寡妇比翁家旁边的女人生了一个私生子，作为警告，比翁必须前往协会指派负责访问她的那位协会成员家里领取面包。而圣樊尚·德·保罗协会在给予救济时，会先对接受救济的人进行道德监督，如若发现被救济人在道德上不符合协会的救济标准就会取消被救济人的资格。一对夫妇就因被发现在大街上行乞而被取消了救济资格。对接受救济者进行考查，确定其是年老体弱、无能养活自己且品行端正的才能得到社会救济，这是延续了英国的新“济贫法”原则。在此原则下接受救济的穷人丧失了个人尊严。因而，有些穷人宁可饿死也不申请这样的救济。

但无论如何，大革命后，法国通过订立法律开始尝试建立现代社会福利国家，从此，穷人的生活有了法律保障。1848年革命后，制宪议会把“劳动权”与“享受社会救济权”写入宪法草案；1890年提交的关于工作和农民退休问题的法律草案于1910年通过；1894年通过了煤矿工人退休制度，使得退休成为一种权利；同年，政府颁布强制性退休法，规定退休资金由雇主和工人按同样比例交纳，由国家退休金管理局统一管理；1898年通过针对工作事故危险的法律。自此之后，失业者成为被剥夺了工作的劳动者，可以通过社会保险的方式加以处理，而不再等同于先前的游手好闲、无所事事的穷人、乞丐。新的立法虽然并不完善，相当有限，但却是一个全新的开始，促使社会以一种全新的目光看待这批失业者。先前迫于无奈到处游荡的流浪者，由于被赋予工作的权利，而成为国家真正的组成部分，即使被排除在乡村、教会、社区的保障体系之外，也能由于社会福利事业而融入一个更为广阔的团体——国家，成为国家的一分子。

社会救济的范围在不断地扩大，但是真正得到救济的人群却相当有限。经过大革命的洗礼以及政府对慈善机构的打击，教会几乎完全被排斥在社会福利事业之外，而行会、兄弟会等慈善团体也变得支离破碎，传统的慈善救济已经变得非常脆弱。与此同时，国家又还没有完全做好接手社会福利的准备，使得社会救济屡屡受挫，救济金的数额很小，受惠之人并不多。比如说，1893年法国建立了公费医疗制，但直到1913年也才只有200万人享有这项福利。1853年国家对退休金实行集中管理，直至19世纪末，在600万名工人中，只有76万工人享受退休待遇。同时，在立法方面，如1898年颁布的《工商保险法》，比英、德、意等国要晚。实际上，一战之前，法国的社会保险具有临时救济的性质，只对疾病、老年、工伤进行保险，基本上只在企业范围内进行，资金主要建立在个人积蓄和互助基础上，属于社会保障的萌芽阶段。尽管如此，一战前，社会保障制度的发展一方面扩大了社会救济网，另一方面通过社会立法逐步承认了社会保障是一种社会权利，这毕竟是一种进步。

地方救济与中央集权的对抗

直到19世纪末20世纪初，法国的社会福利事业仍然是以地方救济为主，中央与地方双方似乎都缺乏建立一个全国性的福利体系的热情，而中央政府在加强中央集权的过程中不可避免地在社会福利领域打击地方势力，社会福利陷入政治漩涡，成为地方贵族、教会与中央政府争权夺利的战场。

地方救济：建立国家福利体系的障碍

大革命对传统的慈善事业造成了重大打击，政府通过法令意图建立一个由国家承担主要责任的社会福利体系，但是法令到最后往往以失败告终，法国建立福利国家的尝试遭受失败，救济的责任再次回归地方。然而这时期的地方救济本身出现困难，需要强有力的力量介入以及强大的财政支持。另一方面，政治上失势的旧贵族和教士将地方福利事业作为保留昔日荣光的最后一个领地，牢牢抓住地方控制权不放，从而成为法国建立国家社会福利体系的障碍。

1556年，针对流浪者大量涌进首都巴黎造成巴黎恐慌的情况，国王亨利二世颁布《穆兰敕令》，规定：每个市、镇和村的穷人必须由他们出生和居住的市、镇和村负责救济，不得流浪到别处乞讨，从而确立了本地救济的概念，并一直延续到20世纪中叶。此规定甚至对普选制产生了影响，从而剥夺了一部分人的公民权。1850年，议会通过法令规定成为选民的条件是：必须通过动产纳税清单证明公民已在同一区生活了三年以上。该法令将游离在城市之间寻找工作或被农村抛弃或因其他原因的流动人员排除在选民资格之外。《穆兰敕令》确定了本地救济，从此救济只能给本地居民，外来者至少要在当地居住满一年以上才能提出救助申请，而本地人也需向政府提供居住证明，甚至有些要求由在当地有稳定职业和一定社会关系的人的担保方可提出申请。本地救济的出发点无疑是好的，在一定程度上保证了下层居民的权益，然则，对于那些虽为本地居民却无住处而无法提供证明以及因贫穷而被迫流浪的穷人等则是一个致命打击，他们不仅得不到救济与帮助，而且，根据1556年4月亨利二世追加的法令，他们会被关入沙特莱监狱并处以死刑。

到19世纪，一方面由于法国近代工业的发展，一方面由于乡村家业一片凋零，人口流动频繁，大量农民外出做工，前往城市寻找工作的机会。“18世纪末和19世纪上半期充满血腥味的法国乡野，是一个不见人影的农业社会——空荡的旷野，一片黄土……而过去饥饿的威胁曾长期地给耕作实践压上沉重的负担。”（马克·布洛赫:《法国农村史》，余中先，张朋浩，车耳译，商务印书馆，2003年，267页。）到19世纪末，法国农产品普遍下降，一些农业部门损失严重，逐渐萎缩。以主要粮食品种小麦为例，从1875~1896年的短短二十几年间，价格就下降了34%。（端木美等:《法国现代化进程中的社会问题》，中国社会科学出版社，2001年，79页。）这样一来，农产品受小麦的影响价格普遍下降，农民的生活大受影响，因为贫困，农民们不得不前往城市寻求就业机会。1831~1841年，农村约有35万人流失，至1841~1851年，流失人数为45万，（J.C. Gégot，*La population Franaise aux XIXe-XXe siécles*，Ophrys Paris，1989，p.27.转引自端木美等:《法国现代化进程中的社会问题》，中国社会科学出版社，2001年，47页。）城市逐渐成为人口集中的中心。尽管大量外来人口的到来促进了城市工业的发展，但是由于人口过多而城市无法提供足够的工作，致使一部分外来人员不得不求助慈善救济。依据本地救济，政府规定慈善救济只能用于本地居民，而城市传统慈善团体出于地区情感也拒绝救助外地流浪者。这批身无分文、居无定所的农民投靠无门，为了生存不得不走上了犯罪的道路，成为本地救济的牺牲品。

既然法令规定由地方救济当地居民，慈善救助自然由地方来承担，这样一来，当地经济的发展情况无疑对当地的福利事业起着决定性的作用。一般来说，经济发达地区，人们能得到比较多的救助，其社会福利状况良好；而经济发展落后的地区，其穷人最多，最需要帮助，但这样的地区无力承担这一部分资金，这些贫困者不得不前往经济比较发达的地区，然而，根据《穆兰敕令》以及后来的法令，这批人被当成游手好闲的乞丐、流浪者而被关进监狱或遭受驱逐，处于社会边缘。所以，当地经济情况的好坏直接影响到当地居民所受的福利。比如说法国的医院，无论在地理分布上还是在财政方面都存在着很大程度的不平衡。在一些省份集中了大量的医院且设备齐全，而另一些省份则只有屈指可数的几家医院且财政资金短缺。另外，医院基本上为城镇居民服务，超过半数的医院位于人口超过2000名居民的地方。农村，尤其是外省西部地区的医生人数往往是不够的。根据调查，18世纪，在亚眠、第戎、苏瓦松地区每10万居民中只有59名医学从事者，而雷恩地区只有24名；在南特有9名医生，40名外科医生以及不确定数字的海军医学官员，而它附近的数个乡村可能只有一名外科医生，且不一定能胜任。（John Mc Manners, *Death and the Enlightenment*, p. 26.）而且这些医院由于资金短缺，连最基本的医疗用具如柳叶刀、探针都没有，床位严重不足。各种类型的疾病患者挤在一起，有时不得不把特别的患者推进潮湿、阴冷的地下室。不但医院如此，连济贫局也存在相类似的情况。尽管几乎所有省府、县首府都设有济贫局，但只有巴黎、里昂、波尔多、里尔、斯特拉斯堡等大城市的济贫局预算超过10万法郎，绝大多数济贫机构存在严重的财政困难。在全国9336家济贫局中超过2000家济贫局的常规年收入少于100法郎，除去当中1/6~1/3用于管理的费用，大概只有1/6用于穷人，［Watterville, Rapport à S..Excellence le Ministère de L'intrèieur sur la situation du pauprisme en France et sur l'administration des secours à domicile,（Paris,

1855),p.9,16.转引自Elizabeth J.Van Allen,*Poverty and Power :social welfare and private charity in Poitiers,France,1820-1848*, p.262.]也就是说真正用在穷人身上的资金并不多于17法郎，按照当时的生活标准,17法郎也许只能够帮助一至两户家庭暂时渡过难关。

不仅地方救济未能真正起到社会救济作用，教区也出现相似情况。富人往往捐赠给本教区的神父,因而教区之间所得捐款并不相同,不同教区的穷人得到的救济也就有所不同。1833年,普瓦捷最富裕的教区之一圣·波尔夏尔教区内接受救助的穷人人数为600人左右,这比当地最贫穷的教区之一圣·拉多贡达多出了许多,比另一个贫困教区圣·伊奈尔则多出了124人。(Elizabeth J.Van Allen,*Poverty and Power :social welfare and private charity in Poitiers,France,*1820-1848 , p.239.)

在一些经济不发达地区特别是在这些省的农村地区，人们得到救助或医疗的机会远远少于居住在经济发达的大城市的人民。最需要得到救济的人往往就是那些得到救济最少的人。

外来人员尤其是十八九世纪后大量涌入城市的乡村移民得到救济的机会少之又少，而留在乡村的农民则因为缺少关注同样无法得到足够的救助。无论是在乡村还是在城市,地方救济都面临着严重困难,急需政府强而有力的帮助与支持。

但是，地方的贵族和教士们原是本地救济机构的主要捐赠人和负责人，他们在大革命中被剥夺了政治特权，大革命后重返社会福利领域,并将地方上的社会福利事业当成保留自己昔日荣光的最后一个领域,从而极力反对政府尤其是中央政府的介入,反对中央政府对其社会福利控制权的侵犯。而另一方面,中央政府则希望通过掌握地方社会福利事业从而掌控地方权力,双方就此展开了争夺。全国福利体系的建立遭遇阻碍,而穷人则成为牺牲品。

《穆兰敕令》确立的本地救济使法国历来将社会救济看成地方事务,应由地方来承担。与此同时,地方救济的负责人则坚守自身领域,拒绝中央介入社会福利领域。1872年,在一次国会组织的调查中地方济贫局管理者们被问到是否应当在每个社区建立济贫局时,里昂官员表示:关于此,社区拥有完全的自由;马赛官员的回答则更具有典型性:所有行动都应当属于且只属于地方。实际上,地方比中央更适合负责救济事宜,因为社区比区、省、国家更接近个人,地方救助机构中的人员更了解本地居民的情况,从而能帮助真正需要帮助的人。

但是,地方救济机构的主要管理者是出于政治原因反对中央政府干涉地方事务的,地方救助机构的职位是身份地位的象征,为他们晋升政界提供了筹码。19世纪上半叶,普瓦捷医院委员会的成员平均年龄为56岁,年收入至少6万法郎。(Elizabeth J.Van Allen,Poverty and Power :social welfare and private charity in Poitiers,France,1820-1848, p.176.)地方救济机构管理者的名声成为真正令人艳羡的贵族之名,是富人们梦寐以求的荣誉。在大革命中,遭受政治、经济上重大打击的旧贵族和教士更是牢牢固守这一最后领地,极力反对国家的介入。同时,新贵族则将获得地方救济机构管理者的职位当成自己身份、地位提高的象征,竭尽全力想进入地方救助机构,反对中央政府的介入。

社会福利:地方与中央的博弈

本地救济观念的存在以及地方势力的强烈反对使得法国推行立法、建立国家福利体系的活动遭受重重阻碍。另一方面,中央政府过于关注社会福利的控制权,而非国家福利体系的建立,更非下层民众的社会福利待遇,再加上国家无力独立承担沉重的社会福利负担,所有这一切致使二战前法国的社会福利发展缓慢。但是,为了争夺社会福利的控制权,中央和地方还是上演了一场博弈战。

地方贵族、教会牢牢抓住地方救济权力,反对国家推行的福利立法。

面对国家法令,地方权贵往往阳奉阴违,地方贵族、主教们依然固守对地方救助机构的控制权,不愿将他们的权力拱手相让,敕令在大多数地方成为一纸空文。1878年,罗讷地区省议会试图为该省里昂以外地区的穷人提供免费医疗,但是260个社区中只有13个社区愿意加入其中,议员们无奈地发现“没有地方权力机关的协助,议会无能为力”,(Timothy B.Smith,*Creating the welfare state in France*,1880-1940,p.32.)计划以失败告终。实际上,在整个19世纪,里昂市医院管理委员会一直拒绝给罗讷省其他地区的穷人进入本市医院的权利。面对地方的反抗,不仅省议会无能为力,中央政府同样心有余而力不足。1893年,法国政府颁布免费医疗法(AMG),规定:每一个贫困的法国公民都能在家获得免费医疗,倘若没有住所,则可在医院获得此项权益,从而去除医院对病人居住地要求的限制,原则上每一个法国公民都有权进入法国领地上任何一家医院,这是一种进步。然而该计划一出台就遭到天主教派人员、正统主义者、医院管理者、医务人员等的强烈反对,计划无法顺利推行。至1899年,法国96个省中只有86个省在社区推行此计划,但并非所有社区都参与,如塞纳-瓦兹省688个社区中只有398个社区参加此计划。(Timothy B.Smith,*Creating the wel fare state in France,1880-1940*,McGill-Queen's University Press,2003,pp.43-44.)由于并非自己心甘情愿参加AMG计划,很多地方医院就钻AMG计划的空从而成功逃避责任。比如说，AMG法令中规定，享受免费医疗的病人并不包括那些被判定已无法医治的病人，因此，许多医院接收了外来病人之后不久就判定该病人无法救治，然后将其遣送回自己家乡的医院，成功地逃避了责任，AMG计划的推行从而面临重重困难。实际上，地方权贵固守本地权力，反对中央政府介入的同时也拒绝各地间救济机构的合作。19世纪90年代末，公共福利管理委员会（CASP）意欲促进各地救助机构的合作，从而推进全国社会福利体系的发展。公共福利管理委员会向各大城市发出了178份调查问卷，只回收了118份，而其中有103份调查问卷明确表达了反对态度，此项计划只好搁浅。

地方权贵反对中央政权介入地方福利事业，但中央政府对监督地方机构、掌控地方救助机构却坚定不移。中央政府希望掌控地方机构的所有事务，事无巨细都应向中央请求批准。1831年，奥里亚克贫民院向商业部和公共事业部递交一份详尽的雇员清单，从医生、修女到守门人、花匠、男女仆人等，并详细列明每个人所要负责的工作。中央政府希望通过对具体事宜的控制而进一步掌控地方社会福利控制权，从而顺利打击地方势力，加强中央政权。然而，庞大的国家社会福利所带来的财政负担成为国家不能承受之重。

早在1796年，五人内阁中人民群众的代表德莱克卢瓦议员目睹大革命福利国家试验的失败，就批判了大革命一系列乌托邦式的法令及毫无计划的财政预算，并明确表示政府根本无法独力承担如此庞大的国家社会福利负担，政府不可能负担4万个社区和2000家医院的花销。实际上，中央政府极力争夺地方福利事业的控制权，却认为地方救济的财政应由地方承担，对地方财政救助不力。1846年，普瓦捷市议会向中央申请400万法郎援助当地的慈善工厂，但内政部只拨了2000法郎，这对于处于财政上严重困难的慈善工厂来说无疑是杯水车薪，丝毫不起作用。1873年，内政部一份调查表明：医院、贫民院和济贫局的总费用以及分配给互助协会的资助将近1.2万法郎，占国民生产总值的0.3%。[Pierre Rosanvallin,L'Etat en Francede 1789 à nos jours,p.147(Paris, 1990). 转引自Timothy B.Smith,*Creating the welfare state in France*,1880-1940 ,p.20.]这时期,中央政府依然是只颁布法令却不出钱资助。根据1889年的一份调查显示:中央只提供全国总援助费用的不到4%，省和社区提供近45%，私人资助则占了52%。(Timothy B.Smith,*Creating the welfare state in France*, 1880-1940 ,p.20.)1801~1814年,法国政府在教育、文化艺术和公共方面的支出只有1800万法郎,占总支出的1.8%,到20世纪支出有所增长,1913年则达到33100万法郎,占总支出的7%。(资料参见彼得·马赛厄斯,悉尼·波拉德主编:《工业经济:经济政策和社会政策的发展》,王宏伟等译,经济科学出版社,2004年,367页,表55。)直至二战前,国家用于社会福利事业的资金都不多。中央救助的缺乏自然不利于法国社会福利的发展,更不利于改善法国下层民众的生活状况。实际上,自大革命以来,政府想尽办法打击教会、行会、慈善团体等在社会救济中的地位,将教会、社会力量完全排除

1929~1933年设计的巴黎救世军收容所。

在社会福利事业之外，致使这时期慈善捐款大量减少，传统的社会福利大受打击，而政府却无力承担如此沉重的福利财政，这对下层民众的伤害很大。1873年的调查报告显示，在全国3.6万个社区中有2.3万个社区共1500万人缺少福利，约占全国总人口的40%，（Bucquet,Enquete sur les bureaus de bianfaisance,pp.vi-vii..转引自Timothy B.Smith,*Creating the welfare state in France*,1880-1940，p.20.）数字很能说明问题。

随着社会福利事业的发展，以及地方救助机构的衰退，政府承担着越来越多的社会福利责任。1960~1982年，法国社会保障费用支出从470亿法郎增加到10410亿法郎，在国内生产总值中所占比重从15.9%上升到29.3%，（李琮主编：《西欧社会保障制度》，中国社会科学出版社，1989年，255页。）从而大大地增加了政府的财政支出，致使法国财政赤字数目越来越大。政府不得不提高税收，而高税收又造成高成本，加重企业负担，削弱企业的国际竞争力，不利于经济发展，又致使失业人数上升，反过来加重政府社会福利负担，形成恶性循环。

随着大革命的爆发，法国尝试建立福利国家。在此过程中，政府打击传统的慈善机构，将教会、社会力量排除在社会福利事业之外，意图掌控社会福利的控制权，社会福利成为中央与地方、政府与教会争权夺利的牺牲品。随着社会福利事业的进一步推进，以及近代以来人们宗教情感的丧失，慈善捐赠大量减少，再加上近代科学发展所带来的对传统社区、家庭模式的冲击，工作与休闲活动日益专业化，社会分化为不同群体，而群体之间相互了解甚少，从而造成人与人之间的隔离、人与人之间关系的淡薄，传统的、朴素的关爱与帮助在近代工业发展中消失。当国家完全接手各地救济机构后，传统的慈善救济机构转变成现代政府组织的福利机构，而不再是地方自豪感的象征及人们宗教情感、朴素关爱情感的归宿，福利制度化使人们相信只要交了税就完成了任务，从而将责任推给政府，置身事外。另一方面，面对庞大的社会福利财政负担，政府力不从心，下层民众成为真正的受害者。不过，尽管19世纪法国在建立社会福利方面走了弯路，甚至扭曲了社会福利，致使社会福利一度成为政治牺牲品，然而不管怎么说，国家以法令承认了帮助、照顾社会弱势群体是社会职责所在，承认工作为所有人的权利与义务，并制定了各式法律全面开展全民社会福利事业，第一次以法律承认穷人是国家、社会不可分割的一个组成部分，赋予其工作的权利与社会职责，关注人本身的要求，给予尊重与帮助，从而促进社会的和谐与进步，这是法国走向现代文明的一大体现，是社会温情的体现。

第五章　二战后:以人为本的社会福利

第二次世界大战后,西欧各国掀起了建设社会福利制度的高潮,且成果显著。在此影响下,法国政府投入更多的精力、财力于社会福利事业,大力发展社会福利,建立起了覆盖全体国民的社会福利网,从而为广大人民群众提供了生活保障和发展机会,促进了社会的发展与进步。

以人为本的现代社会福利

二战后,法国政府积极投身全民社会福利事业,不断完善社会福利体系,建立起以人为本的现代社会福利,众多民众从中受惠,成为国家管理和保护的对象,从而加深了个人对国家的依赖与认同感。社会福利也加强了人们与社会的相互联系,让人们在社会群体中发挥更大的作用,既发展了自我又共同推进社会进步。

完备的社会福利体系:以人为本

法国大革命颁布《人权与公民权宣言》,承认国家有责任承担社会救济,并开始建立福利国家。法国现代社会福利建设经历了三大阶段，最终建立起以人为本的社会福利体系。

第一阶段，19世纪初至l9世纪80年代末，法国社会保障制度的萌芽阶段。其间，只有某些阶层，如受雇于国家的职员、军人、海员和矿工等才有权享受社会保险。由于地方观念的存在、政府财政援助的不足以及政府与地方贵族争夺地方救济控制权等原因，这时期的社会福利收效不大。

第二阶段，19世纪80年代末至1945年，法国社会保障制度进入转折阶段。其间，有关的基本法律相继问世：1898年通过《工伤保险法》，开始对因公受伤者给予补助；1910年颁布法律，在工人和农民中实行普遍退休制度，规定退休年龄为65岁；1919年通过《对战争受害者初偿法》；1930年正式颁布第一部《社会保障法》，据此，法国工商部门的低工资雇员可享受包括疾病、生育、残疾、老年和死亡补贴等保险待遇，初步建立了对雇佣劳动者的普遍保险制度；1932年颁布法律，规定雇主必须为职工投保，为有子女负担的职工提供家庭补贴；1935~1936年，实行了40小时工作周和带薪休假制度；1939年颁布《家庭法》，首次将家庭补贴纳入社会立法等。这些法律体现的原则构成了现今法国《社会救助法》中有关如何救助社会弱势群体的基本框架，社会保障正在逐步完善。

第三阶段，1945年10月至今，法国社会保障制度向全国逐步推广并日臻完善，开始运作全国统一的社会保障体制，国家承担各种社会风险。1945年10月，国民议会通过《社会福利法》，意在“使劳动者和其家庭的收益能力免遭任何损害，使他们的生育负担和家庭负担得到补偿”，该法标志着法国社会保障体制的正式建立。随后，法国的社会保险逐步从领薪者扩展到其他社会群体，全体法国居民成为社会保障体制的保护对象。经过几十年的努力，法国的社会保障到20世纪70年代初已基本完善。1945年只有一半法国人享受社会保障，到1978年，在法国居留的合法居民基本都能得到这一体系的保护，全国有99%的人口被纳入社会保障体制。

政府每年从国库里拿出大量的资金用于全国总数为四百多种的社会福利，每一个人从其在母亲怀孕后的第五个月起，一直到他长大成人直至死亡，均可享受这400多种福利中的几项，法国从而建立起了完备的社会福利体系。

目前，法国的社会保障体系由强迫保险和自愿保险构成,其中以强迫保险为主。强迫保险由法定保险与协议性保险组成，而法国保险制度是社会保障的核心,包括:面对工薪者的“社会保障总制度”、农民保险制度、面对企业主和自由职业者的保险制度，以及各种行业性社会保障制度。此外,国家还建立了对失业者的社会救济制度。

法国的社会保障体系包含的内容很多，总体来说有:医疗保险、养老保险、失业救济和家庭补贴等,其中医疗保险占据最大份额。

1.医疗保险

医疗保险既可以指由政府提供的社会医疗保险,也可以指由市场提供的商业医疗保险,但更多情况下指的是社会医疗保险，其含义是指人们因生病、受伤需要治疗时,由国家或社会向其提供必需的医疗服务或经济补偿的制度。医疗保险的实质是社会共担风险，鼓励单位与个人缴纳一定的医疗保险费,通过社会调剂,从而保证劳动者在其健康受到威胁、伤害时可以得到基本医疗,从而保证生活。医疗保险具有普遍性、复杂性、经常性、互济性的特点。

欧洲是医疗保险的策源地。

古希腊、古罗马时期就有专门为贫民、军人治病的国家公职人员;至中世纪,这一职责主要由基督教承办的慈善医院承担,除此之外,城镇居民大多数通过兄弟会、行会等组织来保障其成员的医疗费用。比如说,1719年,英国纽卡斯尔鞋匠行会规定，每个会员每六星期捐献1先令作为疾病基

1811年木版印刷共济会标志。

金，同时还捐6便士作为丧葬费。（章晓懿：《社会保障：制度比较》，上海交通大学出版社，2004年，192页。）这是18世纪无数低级行会的一般做法。到了近现代，由于工业的发展，大量农民和手工业者成为产业雇佣工人。为减少因恶劣的工作状况和生活状况而带来的风险，产业工人们自发成立如“友谊会”“共济会”等组织来分担风险，对付疾病与工伤。这种方式慢慢地发展到由政府出面将其扩大到全社会的绝大多数劳动者，并将其融入社会福利体系。

世界上第一个社会保障性质的强制性医疗保险诞生于德国。

1883年，德国政府颁布了《医疗保险法》，规定收入低于一定标准的工人，必须参加疾病基金会，其医疗保险由三部分组成：法定的社会医疗保险、自愿医疗保险及其他保险中的医疗保险部分，如事故保险、退休保险、社会救济等，从而确立了世界上第一个医疗保险法。1883年德国的疾病保险法有三个特征：第一，加入方式是强制性的，特别规定工人中低于一定收入的人员必须参加；第二，医疗保险基金由三方分担；第三，医生与病人之间并非直接的金钱关系，医生是按月领月薪，不与看病人数挂钩。医疗保险从而具有很明显的社会性，解决了员工及其家属的后顾之忧，表达了社会对健康与医疗的关心和对生命的关爱。

继德国之后，奥地利、挪威、英国、法国等国家相继通过立法确立并实施医疗保险。至20世纪上半叶，欧洲各国的医疗保险形式多样，覆盖面广，受惠人群多，其保险范围也在不断扩大，从医疗服务、药品，扩大到住院医疗，并发展到牙科、眼科等。根据调查，截至1995年，全世界有105个国家实施了医疗保险，当中，一半为工业化国家，覆盖率为90%，另一半为发展中国家，其覆盖率逼近30%，且呈上升趋势。

目前，医疗保险可分为国家卫生服务模式（又称全民保险制度模式）、社会医疗保险模式、储蓄医疗保险模式以及私人参保为主的商业医疗保险模式。

（1）国家卫生服务模式：是一种国家福利型医疗保险，即由政府直接举办医疗保险事业，通过税收筹措保险基金，采取预算拨款给国立医疗机构的形式，向本国居民直接提供免费或低收费的医疗服务。1946年，英国政府颁布《国家卫生服务法》，实施全民医疗保险制度。英国政府通过税收（包括一般税和特殊税）筹措医疗卫生经费，按区域人口结合其他因素给国立医疗机构拨款，向全体居民提供免费或价格极低的医疗预防保健服务。瑞典于1955年实施的医疗卫生保健制度其保险对象也是全体公民。

（2）社会医疗保险模式：是一种投保资助型医疗保险，是国家立法强制推行的医疗服务制。目前，世界上有一百多个国家采用此模式。社会医疗保险由雇主与雇员依法共同缴纳医疗保险费，政府酌情给予补贴并提供基本的卫生服务，亦即参加社会医疗保险者才能获得相应的医疗服务。社会医疗保险以强制加入为主，自愿加入为辅。比如说，德国的医疗保险（对象为一般劳动者和农业劳动者两种），一般是强制加入，而劳动时间少的就业者（一周少于15小时）、兼职者、工读学生等则是自愿加入。社会医疗保险模式采取的是医疗基金现收现付，因而没有积累，随着人口的老龄化以及人口负增长的发展趋势，年轻人与健康者的社会负担会相对加重。另外，医疗保险基金筹措与偿付实行“以支定收，以收定付”的方法，因而对医疗服务的供给与需求双方都缺少有力的制约措施，医疗保险基金的收与支会出现循环上升的趋势。

（3）储蓄医疗保险模式：是一种自我积累型的医疗保险，其医疗基金既非强制性的税收，也非强制性的缴纳保险费或自愿购买医疗保险，而是依照法律，强制性地储蓄医疗基金。储蓄医疗保险模式以新加坡为代表。1984年，新加坡制定了一项全国性的、强制性的“保健储蓄计划”，要求每一个有工作的人，包括个体业主，都必须按照法律规定参加保健储蓄。保健储蓄账户的存款则用于支付本人及家人的住院、部分昂贵的门诊检查治疗项目的费用。1990年，新加坡政府为帮助参保者支付重病、慢性病而开始实施健保双全计划。健保双全是自愿参加的，投保费可从保健储蓄账户中扣缴，各年龄组保费数额不等。当投保者的医院账单超过一定数额（“报销起限”）后，健保双全则提供疾病风险保障。超过部分，健保双全计划支付80%，参保者自付其余的20%。1993年，新加坡政府针对不能支付医疗费用的穷人，设立了捐赠基金，即保健基金，从而确保每一个公民都能得到基本的医疗服务。政府捐赠基金的利息收入分配给国立医院，由政府任命的医院保健基金委员会负责管理与分配。按照规定，无力支付医疗费用的穷人可以向医院保健基金委员会申请帮助，由委员会进行审批并发放基金。从1993年4月保健基金实施以来，新加坡总共有11000名贫困病人申请保健基金并得到保健基金的帮助。

(4)商业医疗保险模式:该模式是按照市场法则自由经营,作为一种商品在市场上自愿买卖,卖方为民间团体或私人保险公司,买方则为企业、民间团体、政府或个人。商业医疗保险模式主要以美国为代表。美国商业医疗保险的特点在于参保自由,灵活多样,政府只是负担老人和穷人等特殊群体的医疗保障,其卫生服务机构以私立为主。美国医疗保险制度总共有三种类型:第一种是为老年人提供的医疗照顾。按照规定,65岁以上老人养老金领取者可享受两种保险,即“住院保险”和“辅助性保险”。前者为强制性保险,对象包括65岁以上受保人或养老金领取者;后者为自愿性保险,全国所有年满65岁以上公民均可参加。第二种是向穷人提供的医疗补贴,这是由联邦政府和州政府联合开办的专为生活在贫困线下的穷人提供的医疗保险制度。参加者主要是智力严重缺陷者、残疾者、丧失父母的穷苦儿童、贫困老人等。第三种是为雇员提供的医疗保险,一般有两种形式:大工商业企业、机关团体职工由雇主资助而获得健康保险和个人投保的健康保险。

在美国,绝大多数公民通过自愿参加商业性医疗保险而获得卫生服务,但这种以营利性为目的的制度,往往不愿接手健康条件较差、经济条件较差的人员。20世纪70年代,美国出现了一种非营利性的医疗保险组织,如健康维持组织、优选提供者组织等。目前,美国有“医疗照顾”“医疗资助”两种公立医疗保障。“医疗照顾”包括强制性的住院保险和自愿性的补充医疗保险,主要委托健康维持组织进行管理。“医疗资助”则是根据联邦的要求与指导,由各州管理,其资金来源于州和联邦基金。

法国现行的医疗保险制度是在1945年确立的。在法国,每一个受薪者,不仅他自己享受医疗保险,他的配偶、子女及其所赡养的老人都可享受医疗保险,享受医疗保险的对象几乎涵盖整个社会。只要交了税便可享受医疗保障，外国企业职员也如是。另外，农业、采矿、铁路等部门以及政府公务人员、独立劳动者则另有专门的健康保险制度。国家管理的医疗保险一般报销病人医药费的70%，而各行业的医疗互助会则负责剩下的30%，因而，在法国，看病吃药基本上是免费的。

公立医院、私立医院都得纳入国家医疗保障体系，由国家统一管理和认证，而医疗保障的财务管理由政府负责。

法国的医疗体制基本以公立医院为主，且规模较大，私立医院数目虽多，约占总数的60%，但其只拥有全国30%的床位，其余的为公立医院拥有，病人可自由选择公立或私立医院的医疗服务。国家对医院的管理非常严格，每个医疗步骤都有标准定价，每一组条款都有一组相应的货币指数，医生应当根据每个条款的指数收费。另外，各医院每四年要接受一次医疗评估局的检验认证，评估结果公开，透明度极高。评估局的检验涉及诸多方面：从医院的整体管理到医生的个人业务，比如说，使用的医疗器械质量是否合格，收费标准和手术操作是否规范，医生专业特长是否名副其实等，一旦发现不符合规定便会勒令其关闭。例如，因医疗安全质量不合格会进行惩治性关闭；因医院的业务量不够，医生得不到规定的业务量，从而影响业务的熟练程度，该医院就有被合并或关闭的可能，法国每年要关闭一两家医院。除此之外，医院还要接受地区卫生规划局的管理，规划局根据需求规划并配置卫生资源。比如说，大型医疗器材要按全国人口比例合理分配，公私立医院资源共享。同时，规划局与医院共同管理财政，医院的钱怎么花，特别是大笔开销，都要经过规划局同意。实际上，法国医院的院长权力相当有限，院长是任命的,每年要提出工作计划和总结报告。同时,根据法律规定,每家医院设有管理委员会,亦称医院议会,其职责是对医院的管理进行监督与制约。议会主席由当地民选市长担任,委员则由医院各部门代表、各工会代表及省市等行政机构代表和病人代表充当。法国政府通过这些方式规范医院的运作与管理,使医务人员关心、珍爱每一个生命。

医疗保险包括了疾病保险、生育保险、工伤保险等。其中,疾病、生育保险的资金来自社会保险基金、国家、互助组织和家庭,而国家和集体承担的费用占健康保险支出的80%左右,由家庭或本人承担的份额正在逐步减少。

(1)疾病保险。疾病保险包括一般性的治疗、住院、化验、药品、产科护理、辅助设备、交通急救等,在职人员在患病前三个月内受雇200小时以上或领取最低工资六个月的均可享受此补贴。补贴的限额一般为标准工资的50%,负担三个子女以上的人30天后的疾病补贴提高到66%;病休一个月的每天最高补贴为180法郎,负担三个子女以上者最高补贴240法郎。(顾俊礼:《福利国家论析》,经济管理出版社,2002年,163页。)一般病人领取疾病补贴的期限为六个月,长期患病者,期限为三年;如果需要重新适应工作或重新培训,则可再顺延一年。

在英国,疾病保险隶属健康保险制度,领取疾病津贴必须符合以下条件:1975年4月之前缴纳社会保险费26周,或在每纳税年度内,按规定标准缴纳社会保险费。领取疾病津贴的标准为:前28周,每周44.4英镑;第29周~52周,每周52.5英镑;如有需要抚养的成年人则每周追加27.5英镑;如有需要抚养的未成年人,每周再加9.85~11.05英镑,领取时间不超过28周。(丁建定,杨凤娟:《英国社会保障制度的发展》,中国劳动社会保障出版社,2004年,193页。)

(2)生育保险。生育保险是国家通过社会保险立法,在生育事件发生期间对生育责任承担者给予收入补偿、医疗服务及生育

1883年的《德国劳工基本保险法》中规定了生育保险条例，以此确定了早期生育保险。

休假的一种社会福利。1919年，第一届国际劳工大会通过了《妇女产前产后就业公约》（第3号公约），这是涉及女工产前及产后就业的第一份公约。该公约在1952年进行修订，产生了《保护生育公约》（第103号公约），同年制定的《社会保障最低标准公约》（第102号公约）也规定了生育保险的相关条例。这些公约规定了适用范围内妇女在生育子女时，享有一定时间的带薪产假及医疗服务。此后，各国政府根据本国具体情况纷纷颁布有关条例，进行生育保险。

在法国，投保人自己或其配偶在怀孕、分娩及临床休息期限间的医疗费用可以全部报销。产妇的产假为分娩前6周和分娩后8周，产假期间可领取相当于原工资90%的生育补贴。英国的生育津贴标准是从预产期前第11周的任何时间开始算起，最多支付18周。申请者在预产期前第15周受雇的情况下，每周可得52.5英镑的补贴；若是未被雇佣或自雇者，每周可得45.55英镑。同时，按照规定，生育工资从预产期前第11周的任何时间起开始支付，支付时间不超过6周，最长时间不超过12周，生育工资标准为平均收入的90%。同时，产妇每产下一个婴儿，每周可领取25英镑的补贴，期限为18周，且每个产妇由政府负担1200英镑左右的平均医疗费。

（3）工伤保险。工伤保险是指国家和社会为在生产、工作中遭受意外伤害，或因长期接触职业性有毒有害因素引起的职业病伤害而给负伤、致残者、死亡者本人及其家属提供各类物质帮助的一种社会保障制度。因其特殊性，工伤保险较之其他社会保险更具有强制性,范围更广,且保险项目最全,待遇最优。根据俾斯麦首相1881年的德国社会保险宪章,德国 1894 年工伤保险法规定:企业主无论对于工伤事故有无责任,均应依法赔偿工人损失,并强制雇主组成互助社,各社自定保险费,由雇主缴纳,这些费用用于补偿工人因公负伤等情况下所受的损失。德国的工伤保险具有两大特色。第一是实行预防为主的政策,在工伤预防方面狠下工夫,花大量的经费研究预防工伤事故的办法,制定安全生产规章。而事故发生后则以康复、重新就业为重点;第二是统一办理,提高效率。德国工伤保险的管理,包括劳动能力的鉴定、残废等级的确定以及工伤保险待遇的给付,全部由社会工伤保险的经办机构——同业公会统一管理,防止分级管理带来的相互牵制与相互推诿,大大地提高了效率,确保了受伤害方的利益。之后,英、法、美等国相继进行工伤保险立法。

德国是世界上第一个建立社会工伤保险制度的国家,于1894年颁布了世界上第一部工伤社会保险法。

在法国,根据社会保障法,雇主必须采取预防工伤事故的措施,一旦出事,工伤保险的费用由雇主独立承担,政府和职工均不负担。工伤补贴包括恢复期补贴、丧葬补贴、抚恤金等,凡是年龄在60岁以下,伤残前12个月内受雇800小时的均可享受此保险。完全残废者的工伤抚恤金为最近一年平均收入的100%;伤残程度超过50%尚能工作的抚恤金为收入损失部分的150%;伤残程度为10%~50%的抚恤金为收入损失部分的50%;伤残程度低于10%的可获得一次性工伤抚恤金。(顾俊礼:《福利国家论析》,经济管理出版社,2002年,164页。)

不同于法国的工伤保险,英国的工伤保险费

用因纳入整个社会保险缴费之内，工伤保险费实际上由雇主、雇员和国家三方共同承担。英国工伤保险分为暂时伤残补助、永久残疾抚恤金、医疗补助和遗孀补助。在领取补助的前28周内，申请者拿的是暂时伤残补助，这等同于疾病津贴；超过28周，申请者可以领取永久残疾抚恤金。全部残疾者每周可领取的津贴标准在38.20~95.30英镑之间；而部分残疾者则根据伤残程度的不同领取不同比例的津贴，其标准在19.05~85.77英镑之间。另外，若是因为伤残转业而造成工资收入减少的，则每周可领取低于38.12英镑的津贴。

政府通过医疗保险，确保每个人在生病、生育、工伤等情况下均能得到公平合理的治疗与照顾，尊重生命，关爱生命，尽显社会温情。但是免费医疗也带来了不少问题，目前，医疗费用提高，入不敷出是医疗保险最大的难题。此外，看病开药则是一个很大的浪费。据报道，法国一年之内因滥开药方而受到监察部门指控的医生就达五百多人，有两个受到指控的医生两年之内为同一个病人开了一百八十多个处方，开出的药品达五千多种。（郭京花：《把生命交给政府——法国的社会福利》，载《广西经贸》，2003年第4期。）实际上，在法国领取的药物中大约只有33%左右真正服用了，造成了大量的浪费。1991年，医疗保障亏损金额超过200亿法郎。1980~1995年，法国医疗保障费用的年增长率为4.8%（欧盟各国平均为2.2%）；1950年，法国人的医疗消费总额为30亿法郎，至1992年为6120亿法郎。（顾俊礼：《福利国家论析》，经济管理出版社，2002年，178页。）另外，由于法国人口出现了老龄化，而老人

由于有医疗保险，法国人一有不舒服就看病，每年人均光顾医疗机构达15次之多，居欧洲各国之首。

的医疗费用相当高，这也给法国医疗保险带来一定的压力。据估算:65岁以上老人的医疗费用相当于平均费用的2倍,75岁以上老人的医疗费用相当于平均费用的4倍,(顾俊礼:《福利国家论析》,经济管理出版社,2002年,165页。)这无疑是数目庞大的负担。

为了能使有需要的人真正受惠，同时又不增加国家财政负担,从20世纪80年代起,各国开始对医疗保险进行改革,主要有四方面措施。

第一,控制医疗费用迅速增长。比如说,德国政府于2003年推出医疗保险改革方案,并于2004年1月1日起正式实施。其改革的基本内容:一是扩大缴费基数,投保人缴纳法定医疗保险时在计入工资收入的同时还要将其他非工资性收入一并计入；二是取消如丧葬费、安装假牙费、配隐形眼镜费等医疗保险支出项目;三是提高费用,将住院治疗由原先的9欧元增至10欧元;四是建立以家庭医生为中心的护理模式,当病人出现不适时先由家庭医生进行诊断,并由家庭医生开移交单交给专科医生,将门诊与住院服务有机地结合。

第二,全面改革医疗体系。瑞典政府在医疗体系改革方面做得比较好,其改革有两大重点:一是增加个人看病所支付费用,二是降低病假补贴额度。个人支付的诊疗费用一年内在900瑞典克朗内的,完全由个人支付,多出部分可凭票报销50%~90%;一年内药费个人须负担1800瑞典克朗,超出部分完全免费,而公共医疗保险基金支付的疾病补贴也由1996年前的79%~90%降为75%。(吕学静:《现代各国社会保障制度》,中国劳动社会保障出版社,2006年,292页。)另外,瑞典政府在总体上降低了需要家庭护理的老龄人口的比例,为迫切需要护理的老年人提供更好服务,服务主体则由公共机构转向家庭和市场。在父母保障和儿童护理等方面,瑞典政府也进行了紧缩开支的福利改革。现金支付的育儿费用削减了约15%;多生子女的额外补贴被取消;休产假前两个月工资由原来的90%下调至85%，其后10个月的产假补贴则由原来的80%降为75%。(吕学静:《现代各国社会保障制度》,中国劳动社会保障出版社，2006年，293页。）瑞典政府正是通过这些措施对医疗体系进行了全国改革，减少政府财政赤字。

第三，扩大医疗保险覆盖面。由原先国家全额拨付医疗经费改为个人、单位与国家三方共同承担。

第四，推行管理式的医疗保险模式。健康维护组织采用管理式医疗保险模式并在服务中融合保险和医疗提供。按照传统的保险合约模式，病人寻求并得到医疗服务后，保险公司才承担相应医疗费的责任，这导致了医疗费用的不可控。而管理式医疗保险则是当医生同意以一笔固定费用满足一个病人全部的医疗保健要求时，他就承担了相当大的一部分经济风险。另外，健康维护组织通过降低过度的医疗消耗及将其他低效率最小化这种方式来实现其战略目标。因此，这种医疗保险模式的核心在于保险与医疗服务提供者是利益的共同体，从而可以降低费用。

2.养老保险

养老保险制度是社会福利制度的重要组成部分，是指由政府立法确定的社会劳动者在年老失去劳动能力或退出劳动岗位时享有退休养老的权利，并依靠政府、单位和个人的养老保险基金，以维持基本生活水平而建立的一项社会保险制度。养老保险制度是社会福利制度中被保险人身体最稳定、享受时间最长、费用开支最大的项目，国际上常常以此来衡量一个国家社会福利的广度和深度。由于养老保险涉及的范围广、受益人众多，影响到整个社会及绝大部分家庭，因此，养老保险一般由国家立法实施，政府出面筹划，指定社会保险机构专门经营，要求所有企业单位和个人必须参保，实现阶段养老保险的社会化。同时，由于养老保险基金数额偏大，一般采取多渠道来筹集资金，最常见的是由国家、单位和个人三方共同承担。另外，为了保障老年人的基本生活，使之不受物价波动的影响，养老金的给付水平考虑到物价上涨因素和社会平均的收入水平，给付额的计算则考虑到物价指数的变动和工资率的变动。

投保资助模式即企业和个人按照规定比例定期缴纳养老保险费,同时政府给予适当的养老金补助。强制储蓄模式是由国家强制雇主和雇员按一定比例定期储蓄养老保险金的一种社会养老保险类型,其基本特征是:国家通过立法强制要求雇主和个人缴纳定额保险费,共同出资建立专门基金,分别记入每个雇员的账户。国家统筹模式是按照国家保险的原则建立的一种社会保险类型,其基本特征为:社会总产品在个人分配之前先扣除社会保障方面的费用。凡丧失劳动能力,如生老病死伤残和死者遗孤以及失业的都能得到国家的保险,员工到退休年龄,由政府支付退休金,养老保险费由单位负担。

目前,各国实行的养老保险制度归纳起来有三种不同的模式:投保资助模式、强制储蓄模式和国家统筹模式。

法国的老龄化现象突出,其养老保险显得更为重要。法国的基本养老保险实行社会统筹,强制实施。1910年法国首次立法进行退休养老保险;1945年通过法律进一步完善养老保险。老年职工保险资金来自投保人和雇主交纳的社会保险税,国家的财政补贴只占很小的比例。法国养老保险费的费率是毛工资收入的18%,其中雇主缴纳10.8%,相当于费率的60%,投保人缴纳7.2%,相当于费率的40%,而投保人缴纳的部分从投保人工资收入中扣缴。缴费上限为社会平均工资的150%,下限为最低工资。国家规定年满60岁的受薪者均可退休并领取足额退休金(一般为最后10年平均工资的50%)。与此同时,为保证低收入老人的基本生活,政府规定每年的退休金不得低于40484法郎。(多米尼克·费雷明等:《2002年法国年鉴》，罗培拉枫出版社，2001年，1699页，转引自徐鹤森：《试论当代法国福利制度的得失与危机》，载《杭州师范学院学报》，2004年第6期。）

除此之外，一般工资劳动者、政府公务人员、管理人员等可以参加“补充退休金”，即根据投保人交纳保险税的多少领取保险金，多交多得。各企业工人交纳的保险税税率不同，一般从工资的4.6%到80%不等，且总金额中60%由雇主交纳，雇员只交纳40%，退休者可领取相当于最后工资的55%或65%的退休金。需要注意的是，工商业者、自由职业者、手工业者和农业经营者有自己独立的退休制度。在法国养老金中，工薪人员普通养老保险占37%，公务人员占28.6%，非工薪人员占1.7%，干部补充养老占8.1%，非干部补充养老金占15.8%，补充养老占国民生产总值的1.6%。（田小宝，周弘，周琪媛：《法国社会保护体系概览——出访巴黎报告》，人大复印资料·社会保障，2003年，8页。）

目前，法国国内有三种类型的养老院可让老人选择入住以颐养天年：一是公立的由各级政府管理的养老院；二是私立的由政府补贴的不以营利为目的的养老院；三是商业性的养老院，主要供养高收入的老人。根据入住老人及其子女的收入情况，国家对有困难的酌情予以补助。如经调查证实老年人及家庭一点也负担不了的，则完全由政府补贴其在养老院的开支。

英国的养老金制度则经历由免费养老金制度到缴费养老金制度不断完善的过程。19世纪末，英国政府解决养老问题主要是依靠济贫法对老年人提供救济。1871~1911年，65岁以上的老年人占济贫院内人口总数的1/4以上，有时甚至超过1/3。（丁建定，杨凤娟：《英国社会保障制度的发展》，中国劳动社会保障出版社，2004年，23页。）尽管有个人自助养老以及济贫院的救济，老年贫困依然是19世纪末英国最重要的社会问题之一。这时期，社会各界针对日益严重的老年问题展开激烈讨论，寻求解决方法，免费养老金制度应运而生。

1908年8月1日，英国议会正式批准养老金法，英国国家养老金制度正式诞生。

1908年英国议会批准《养老金法》,法令第一条第一款明确规定：任何人只要符合该法所规定的条件,就可以领取国家养老金,支付国家养老金所需的一切费用均来自议会批准的拨款。即1908年英国养老金制度具有普遍性和免费性。按照法令规定,凡具备下列条件者均可申请免费养老金：

（1）年满70岁；

（2）作为英国公民至少已达20年,并居住在英国的土地上；

（3）依该法标准计算,年收入不超过31英镑10先令。

但有下列情况之一者则没有资格申请或继续领取国家养老金：

（1）1908年1月1日以后曾领取任何一种济贫补贴；

（2）依其能力等在成为国家养老金领取者前,未能为自己及家人努力工作；

（3）被拘禁于疯人院者以及其他任何同类地方的流浪贫民；

（4）被控犯罪处以监禁者,在其监禁期间以及释放后的十年间无权领取或继续领取国家养老金。

1908年养老金法是英国颁布和实施的第一部重要的社会改革法令，第一次建立起国家养老金制度,很多老年人从中受惠。1909~1913年,70岁以上老年人贫困的比例下降了74.8%,1913年接受院外救济的70岁以上老人减少了94.9%。（Doreen Collins, *The Introduction of the Old Age Pension in Great Britain*, The Historical Journal, 1965, No.2, p.259，转引自丁建定，杨凤娟：《英国社会保障制度的发展》，中国劳动社会保障出版社，2004年，32页。）免费养老金制度的实施为英国大部分老年贫民提供了基本的养老保障。但是，由于养老金的免费性使其存在诸多弊端，真正领取免费养老金的老年贫困者相当有限。由于养老金是免费的，所有的养老支出全是政府负责，这给英国政府带来巨大的财政压力。政府为了减轻财政支出，对养老金者的年龄和财产资格标准严格限制，同时将免费养老金的津贴额压得很低，无法真正维持老年人的正常生活。在此情况下，英国各政党就养老金问题展开争论。1925年8月7日，保守党政府提出了寡妇、孤儿、老年人缴费养老金法，该法令获批准并开始实施。法令实行的是缴纳费用的养老金制度，规定每名男子每周缴纳9便士，其中雇主和雇工各承担一半；每名女子每周缴纳4便士，其中雇主承担2便士，雇员承担2便士。

1925年的缴费养老金制度较之前的免费养老金制度是一进步，解决了更多人的养老问题，也更符合现代社会保障制度权利与义务相结合的基本原则。1925年法令不但为老年人提供了养老金，同时也为寡妇、孤儿提供年金，包括以下四种：

（1）向死去的被保险人的妻子提供每周10先令的养老金，并向其14岁以下的年龄最大的孩子提供每周5先令的补贴，直到他长到14岁为止；向其他孩子提供每周3先令的补贴，直到他们长到14岁。

（2）向死去的被保险人的孤儿每周提供7先令6便士的补贴，直到他长到14岁。

（3）从1926年7月2日开始向所有70岁以上，或在1926年7月2日至1928年1月2日达到70岁、在其70岁以前已经参加国民健康保险制度的老人提供每周10先令的养老金，该项养老金不附带任何关于财产状况的调查。

（4）从1928年1月开始向年龄在65~70岁的被保险人提供每周10先令的养老金，65岁的老人可以每周领取10先令的养老金直到70岁，70岁以后的老人进入免费养老金系统，每周同样领取10先令的不附带任何财产状况调查的养老金。如果被保险人的妻子达到65岁且其丈夫已经开始领取养老金，妻子也可以领取每周10先令的不附带任何财产状况调查的养老金。

二战后，英国的养老金制度获得了进一步的发展，确立了与收入相联系的养老金制度。随着英国人口老龄化趋势的加剧以及社会的发展，旧有的养老金制度已越来越不适应养老需求。1959年，英国颁布新的国民保险法，正式建立与收入相联系的养老金制度。其标准是：每周收入9英镑者缴纳同一标准养老金制度的费用；超出9英镑到15英镑者按照工资超出额的8.5%累进缴纳费用，并由雇主与雇员平均分担；超出15英镑的收入仍然按照同一标准养老金的缴费标准缴费。同时法令也规定：只要职业养老金制度提供的养老金达到政府规定的标准，且具有稳定的财政基础者可以不参加这种与收入相联系的国家养老金制度。与收入相联系的养老金制度经过局部修改后于1961年正式运行。1963年，英国保守党政府将与收入相联系的养老金津贴从每周2英镑17先令6便士提高到3英镑12先令6便士，每对夫妇的津贴标准从每周的4英镑12先令6便士提高到5英镑9先令。（丁建定，杨凤娟：《英国社会保障制度的发展》，中国劳动社会保障出版社，2004年，139页。）1975年，英国工党政府颁布了社会保障养老金法，建立和实施了国家收入养老金制度；1976年，工党政府又颁布了补充福利法，规定16岁以上成年人，在其可领取国家养老金之前，如果生活确实难以维持，则可申请补充养老金。英国养老金制度正在不断地完善中。

养老保险支出几乎占各国社会福利费用最大的比例。目前，欧洲各国主要是用以下六个方面的措施来有效降低养老保险费用。

第一，调整年金的计算方法。目前，各国年金的给付水平与两大因素紧密相连：缴费年限与就业期间的平均工资水平。因此，许多国家通过延长计算平均工资的年限来降低年金给付水平。比如说，意大利准备以退休前10年的平均工资而非现在5年的平均工资为缴费基数来计发退休金；法国则考虑以个人退休前25年而非10年的平均工资水平来计发退休金。

第二，利用年金调整机制，减少经费开支。20世纪70年代以来，各国普遍实行各种保险待遇随消费水平变化而变化的方法来减少经费开支。比如说，英国政府从1980年起，改变以物价和工资上涨指数为依据的调整方法，规定以预期物价变动进行调节，结果年金支出减少了10%；而美国和德国则推迟了调整时间，美国从1983年7月推迟到1984年1月，德国从1984年1月推迟到同年7月。（吕学静：《现代各国社会保障制度》，中国劳动社会保障出版社，2006年，288~289页。）各国政府通过年金调整机制，具体为利用修改指数的办法来降低费用支出，同时也保障老年人基本生活。

第三，延长享受养老金的最低缴费年限，提高保险费率。一般而言，享受全额养老保险金的最低缴费年限为15年。目前，该年限有所延长，如日本延长至25年，英国延长至20年。（吕学静：《现代各国社会保障制度》，中国劳动社会保障出版社，2006年，289页。）

第四，提高法定退休年龄。目前，大部分国家对养老保险改革的趋势是提高退休年限和对养老金的补偿，以确保退休养老金制度的顺利实施。比如说，德国通过立法，从2001年起退休年龄逐步提高到65岁；美国从1983年就通过法律要将退休年龄从65岁推迟到67岁，但直到2000年才真正开始实施，而且步骤缓慢，最终计划在2002~2027年的25年时间里，退休年龄逐步由65岁提高到67岁。（吕学静：《现代各国社会保障制度》，中国劳动社会保障出版社，2006年，290页。）日本、西班牙、巴西、英国等国家也通过不同的方式来提高法定退休年龄，以期减少费用。

第五，发展个人补充保险。政府发展个人补充保险以分担国家的财政压力，确保受保人的养老保险总待遇不会降低。目前，很多国家在着手准备实行多层次的养老保险制度，由国家提供基本的养老保险，同时建立一种与个人收入相联系的补充养老保险。

第六,从现收现付到部分积累。

欧洲各国正是通过这些措施着手对养老保险进行改革,以确保既能减轻国家财政压力,又能切实地保障老年人的基本生活。

3.失业救济

失业是相对于就业而言的，一般指有求职愿望的劳动者处于无职业状态。因而,失业保险是对劳动年龄人口中有劳动能力并有就业愿望的人员，当其因非自愿因素暂时失去劳动机会,无法维持生活时,由国家或社会为其提供基本生活保障的一种社会保险制度。

失业保险1905年起源于法国，当时通过国家立法的方式，建立了自愿参加的非强制性失业保险制度。随后,挪威、丹麦分别在1906年、1907年建立了类似的失业保险制度。真正由国家立法的强制性失业保险制度首建于英国。第一次世界大战后,失业保险普及到欧美各国,保险对象也逐渐扩大到整个工商业的被雇佣者。20世纪30年代后,失业保险事业获得快速发展。但是,相比起养老、医疗保险而言,失业保险的发展较慢。至1999年,全球一共有172个国家建立了不同类型的社会保障,其中实行失业保险的国家比例最低，只有69个国家,占总数的40%。而且,不同经济发展水平的国家中,失业保险发展情况差别也很大。如1995年,在年人均收入不足700美元的低收入国家中只有13%建立了失业保险制度,而1万美元以上的高收

1911年，英国颁布《国民保障法》,成为世界上第一部强制性的失业保险制度。

入国家中有92%建立了失业保险制度;1999年,29个发达国家和地区全部实行了失业保险制度,而同期建立了失业保险制度的发展中国家只有17个。(章晓懿:《社会保障:制度比较》,上海交通大学出版社,2004年,162页。)

目前,失业保险系统包含两大类制度化方法,即保险模式与救济模式。保险模式的失业保险覆盖所有有稳定工资收入的正规就业部门,其资金由雇主与雇员共同分摊;救济模式的失业保险则是针对法定就业年龄以内的公民或居民,其资金由公共财政拨款。各国根据其不同的政治、经济和文化等多种因素而采取不同的失业保险制度。总的来说,目前各国失业保险制度有以下几种类型:第一种,强制性失业保险方式。强制性失业保险是现今失业保险的主流,其基本特征是:凡在实施范围内的人员都必须参加,一律由立法明文规定。第二种,强制性失业保险和国家失业补助经济相结合方式。目前,英国、德国、法国等欧洲国家实行强制性失业保险与国家失业补助经济相结合的方式。第三种,强制性失业保险与自愿失业保险相给合模式。第四种,自愿性失业保险与国家失业救济相结合模式。该模式以瑞典、芬兰等北欧社会福利较完善国家为代表。

法国实行强制失业保险和自愿失业保险相结合的双重制度。早在1958年,法国就建立了失业保险制度,并随着法国失业问题的不断严峻而不断完善。1979年,法国通过法律统一失业补贴制度,调整雇主、雇员和国家对失业保险费用承担的比例。现行失业险制度从1984年4月开始实行,包括基本补贴、初次就业补贴、社会保障权利终止补贴和"互助补贴"。

失业保险制度是强制性的,所有职工从工作第一天就参保,按规定从毛工资总额中扣除一定比例的失业保险费,由雇主统一交纳。实际上,除了工资之外,雇主要跟雇员分摊各种社会保障金,主要有养老金、医疗保险金、失业保险金、工伤事故基金等,这一部分数目基本相当于雇员的工资。也就是说,如果雇主雇用一名员工,每月工资为6000法郎的话,那么,他同时要为这位员工交纳数目基本相当的社会保险分摊费,也就是说,总支出大约为1.2万法郎,这对企业老板来说是个很大的挑战,也不利于企业的资金再投入。根据法律,工人在工作季节每星期工作时间不得超过35小时。而且,除了周末和近10个节日休息外,企业每年还要为工人的带薪假期(每年4至5个星期)支付高额工资。同时,按照规定,老板不能随意辞退职工,否则除了必须交付高额的赔偿金(大约为工资的60%),甚至有可能惹上官司。一家公司老板意欲辞退两名干活不卖力又不接受批评意见的员工,按照法律程序,先要通过挂号信发出警告,再正式通知,最后给予经济补偿。如果员工能够接受,那么双方就相安无事,但是,如果员工不接受,企业老板就极有可能惹上官司。此事例中,两名员工以老板报复为名将之告上了法庭,老板是又花了冤枉钱又搭上了时间。这个事件让他明白:除非万不得已,否则不能轻易招聘新人。因为,雇主多雇一个员工就等于多一份“永久性负担”,所以,一般情况下,除非万不得已,企业老板不会也不敢轻易雇用员工。这也是近年来法国失业率居高不下的原因之一。

按照规定,失业者在第一年每月领取的救济金相当于失业前最后一个月工资的70%~80%,尔后每年递减,一般三年后才所剩无几。如果失业时工资颇高,则失业的救济金的数字会相当可观,这就使得一部分人并不急于再找工作。

失业保险是强制性的,同时,针对失业者,国家还实行社会援助保险政策,即在失业保险终止后由政府向失业者提供社会援助。失业救济中的社会保障权利终止和“互助补贴”属于社会援助范围,由国家财政拨款,占失业救济总额的19%。

对于残障人士,政府有专门的法令进行保护。比如说,规定所有超过20名雇员的企业,必须雇佣占总人数10%的残疾人。(多米尼克·费雷明等:《2002年法国年鉴》,罗培拉枫出版社,2001年,1699页,转引自徐鹤森:《试论当代法国福利制度的得失与危机》,载《杭州那些因年龄、性别、能力等原因无法找到工作的人，可以向政府申请“团结就业合约”：即由政府出钱付工资，为非营利单位，如医院、学校等提供临时需要的义务性工作。

师范学院学报》，2004年第6期。）而对完全丧失劳动能力的人，国家有专门的成年残疾人补助。如2000年，单身残疾者每年可获得43512法郎的补助；结婚了的残疾者每年获得87024法郎补助，且增加一个孩子就增加21756法郎的补助。（多米尼克·费雷明等：《2002年法国年鉴》，罗培拉枫出版社，2001年，1846页，转引自徐鹤森：《试论当代法国福利制度的得失与危机》，载《杭州师范学院学报》，2004年第6期。）

另外，政府还通过“社会融入最低收入”制度为失业的贫困家庭提供生活救济。申请人与当局签订“融入合同”，经审核，获得批准者其本人及其家属均可每月领取数额不等的救济金。1993年，申请成功者每月可得2253法郎的救济金，其配偶为1126法郎，其他家庭成员则为每人每月675法郎。而且，申请成功者的家庭可享受住房补贴，一人为270法郎，二人为540法郎，三人以上为669法郎。（顾俊礼：《福利国家论析》，经济管理出版社，2002年，170页。）

法国政府正是通过由劳资双方分摊的强制性失业保险以及社会援助保险政策确保每一个公民享有工作的权利，尊重其公民权利，从而满足其作为一个有用的人的心理需求及精神需求，而不再只是单纯地成为被施舍的对象。法国文明又向前迈了一大步，对人的关怀与关注、社会温情在此表露无遗。

目前，各国采取的失业保险改革措施大概有以下几种：

第一，促进就业，鼓励培训，变消极待业为积极就业。目前,大多数国家控制享受失业保险金的条件,广泛开展职业培训,甚至提供一些物质补助,从而减少失业者的依赖性,为其创造就业机会,促使其重新就业,融入社会。比如说,德国的失业保险费总支出中,60%用于保险给付,40%中绝大部分用于职业培训、补助企业雇佣失业人员等。(俞会新,刘东华:《21世纪西方社会保障制度改革趋势》,载《经济纵横》,2002年第7期。)法国中央财政部1997年拨出10亿法郎补助各省用于解决青年失业问题;瑞典1997年财政预算增加8000万瑞典克朗,其中70%用于培训,并计划政府每年为解决就业问题增加15%的投入。(章晓懿:《社会保障:制度比较》,上海交通大学出版社,2004年,178页。)另外,大多数欧洲国家政府比较重视对劳动力市场体系建设资金的投入,每年预算安排一定数额资金用于建立完善、高效的劳动力市场体系,为失业者提供就业机会。而且,各国的培训机构会根据培训需要与培训对象来调整、确定培训方式,除了课堂上的培训之外,一些国家,如英国、美国、德国等更注重实践,培养实用性人才,采取三部分教育体制:学生一段时间在校学习,一段时间去工厂实习并工读交替进行,使培训人员获得理论知识又可获得实践,更获得一种工作经历。

第二,鼓励企业多招人,积极创造就业岗位,拓宽就业渠道。许多国家为了刺激企业多招人,政府给予了许多经济上的优惠。如在法国、瑞士,政府把失业金补贴给企业,由企业招收失业者,再以工资形式支付给他们。另一方法是雇主在一定时期内可减少为新工人缴纳保险费用。比利时政府规定,长期雇佣25岁以下失业人员的企业,可以免缴2/3的保险费;还有些政府则是给予一定的税收优惠政策,或是根据实际情况,对某些群体实行优惠政策。比如说,在西班牙,如果企业把临时工转为正式工,所发的费用可由公司所得税进行抵免;而个体经营、小企业雇佣正式工则可免除该企业的所得税。再比如说,比利时政府规定,雇佣45岁以上失业者的雇主可减免60%的社会保险费两年,如能签订长期合同,则可继续享受减免50%的优惠待遇。（章晓懿：《社会保障：制度比较》，上海交通大学出版社，2004年，179页。）

另外，一些国家，如瑞士、比利时、丹麦等政府则积极开辟第三产业，发展中小企业以增加就业岗位。第三产业的行业多、门类广、服务要求高等特点，能够提供更多就业机会，如家庭雇工、清洁工、搬运工、保安人员、装修工等，也有一些专门照顾病人、残疾人、儿童、老人等家政服务人员等，工种繁多，工作灵活，对于吸纳再就业有着重要的作用。比如说，西班牙近年来积极拓展第三产业的就业领域，连续三年每年创造就业岗位近30万个，使失业率由23%下降到20%，（章晓懿：《社会保障：制度比较》，上海交通大学出版社，2004年，179页。）成效颇大。

实际上，目前世界各国在安排就业方面是各行各法，各显神通。比如说，英国采取导向型就业，在全国范围内设立就业服务机构，所有失业者可以从这些就业服务机构获得一些相关的工作信息、失业救济金、培训建议等；而法国则是属于增岗型就业，从1983年至今，法国的周工作时间减少了5%，工业部门每周工作时间为38小时，从而增加了近100万个工作机会。除此之外，法国政府还积极开展非全日制与临时性质的工作，以此来安置更多的失业者。

4.家庭补贴

家庭补贴是法国社会保障制度中的一个重要内容。据了解，在法国近6000万人口中，每年有大约600万人享受各种家庭补助金，另有近200万人领取最低生活保障金。根据1946年8月22日颁布的法律，法国建立起普遍的家庭补贴制度，补贴项目庞大，种类繁多，涉及1.5万个法律条文，非常复杂。

（1）新生婴儿补贴：对于新生婴儿，政府为之提供了四种方式：第一种，送公立托儿所，社会福利中心给予托儿所补贴。目前，全国大约有10%的孩子在公立托儿所长大；第二种，送至保姆家中，由保姆照看。如若小孩是三岁以下的则每月可领到300

欧元补贴，而保姆是由国家有关机构培训并认可的；第三种，请保姆到家照看孩子。保姆保险费由家长承担，国家对保姆的工资不收所得税，另外，该家庭可每月获得400欧元的补贴；第四种，由孩子的爷爷奶奶或姥爷姥姥甚至邻居帮忙照看，但得不到国家的补贴。

（2）多子女补贴：凡在法国居住并抚养两个以上子女（年龄在17岁以下，上学、学徒或有残疾的可延至20岁）的家庭均可得到国家补贴，目前全法国大约有20%的家庭享受这一待遇。补贴金额按家庭补贴的基数（政府部门每年调整两次）计算，抚养两个子女的家庭可领取家庭补贴基数的32%（1992年为632法郎），抚养三个子女可领取72%（1992年1441法郎），四个子女可领取112.5%（即2251法郎），五个子女可领取152%（即3060法郎），五个子女以上每增加一个可多领取40%。10~15岁的子女另加9%（即179法郎），15岁以上子女另加16%（即316法郎）。（顾俊礼：《福利国家论析》，经济管理出版社，2002年，165页。）法国政府认为多子女家庭因子女抚养问题而家庭收入低，费用高，故而生活困难，需要政府救助，因此，法国政府规定给多子女家庭进行补贴。

（3）孤儿补贴：按规定，只要抚养一个或多个孤儿，无论其收入如何均可享受孤儿补贴。失去双亲的孤儿每月补贴为家庭补贴基数的30%；失去单亲或父母寡居的孤儿领取家庭补贴基数的22.5%。

（4）单亲家庭补贴：对象为因丧偶、离异、分居等原因造成单独生活并抚养孩子或已经证明怀孕者，补贴金额视本人收入多少而定，期限为最小的子女达到三岁为止。比如说，单亲母亲与男友分手后，一个孩子可获得460欧元的补助，且单亲母亲的离异丈夫或男友要付赡养费，政府对不付者负责追缴。如果孩子有残疾，国家补贴就会有所增加，如严重残疾，最高可获得每月900欧元的补助，且国家法律规定，残疾孩子父母必须有一方停止工作，在家专门照顾孩子，福利中心可每月为其追加80欧元的补贴。（李巍:《法国的公民家庭福利政策及其启示》，载《社会福利》，2003年第2期。）从1975年6月开始，法国政府对残疾儿童的特种教育进行补贴。无论其家庭如何，只要是儿童残疾达到50%~80%，并在学校或家中接受特殊教育的均可获得相当于家庭补贴基数24%~72%的补贴；如果残疾程度达80%以上，则可得到最低养老金待遇。

（5）上学补贴：该制度开始于1974年，凡是家中有孩子上初中、高中、大学的均有权领取上学补贴，补贴金额为家庭补贴基数的20%，一年发放一次，上限从有一个孩子的家庭年收入1474欧元到养五个孩子家庭的2834欧元不等。高中、大学也相应有相似补助，大学生最多每年可拿3456欧元的助学金。学校的午餐费大约是20~25法郎，这是家长自行交纳的，但如果孩子的家长收入低或失业中，那么该伙食费可减免。政府规定伙食费由家长直接交给校方，这样一来，学校和孩子们无从了解各个家庭的经济状况，即使孩子父母因为太穷无力交纳午餐费也无人知晓，所有的学生都是平等的，这有利于穷苦人家的孩子健康快乐地成长。法国政府可谓用心良苦。

法国公民从小学到大学都享受免费教育，同时，低收入家庭的学生还能得到各种就学补助、开学补贴。

（6）家长育儿补助：从有第二个孩子起，如果父母停止或减少自己的工作来照顾孩子，便可领取这一补助。补助标准：如果完全停止工作，每月可得484.97欧元；如只打半工，可获320.67欧元；如果工作时间在半工和全工之间，则获242.51欧元。这一补助发至最小的孩子满三岁时为止。

（7）生育补贴：凡在法国居住、所生婴儿经医生确认为成活者均可享受此补贴，期限为两年，数额为家庭补贴基数的2.42倍，分三次支付。生育第三个子女则可获得额外增加一定比例。另外，凡在法国居住，本人声明已怀孕且接受医生三次检查的孕妇可享有产前补贴，数额为家庭补贴基数的20.5%，期限为9个月。1992年规定：一胞胎的产假补贴为5650法郎，多胞胎为11300法郎。（顾俊礼：《福利国家论析》，经济管理出版社，2002年，165页。）

（8）住房补贴：住房补贴原是家庭补贴的一部分，1971年扩大到单身老人和25岁以下独立生活的年轻人。住房补贴金额按人口数量、收入多少和居住情况而定，不足标准者予以补贴。一般来说，家庭收入低、人口多、房租高的补贴多，反之则少。住房最低标准为平均每人9平方米，全家另加7平方米。（顾俊礼：《福利国家论析》，经济管理出版社，2002年，167页。）比如说，两口之家的最低住房标准为25平方米，三口之家为34平方米，依此类推，同时还要有厨房、浴室、自来水、暖气等家庭设备。一旦最低标准的费用超出了该住户的实际收入，超出部分由国家补贴，仅这项开支每年政府就要拿出110亿欧元，平均每个家庭每月可得到400欧元左右的补助，确保每一个法国公民有片瓦遮身，而无需流浪街头。

法国家庭补贴名目繁多，除了上述各项之外还有雇佣家庭育儿保姆补贴、搬家补贴、绝对贫困家庭补贴、遗嘱补贴、特殊教育补贴等，而其中尤其关注妇女、儿童，这意味着他们在家庭生活中不断增加的重要性及其在社会领域中受到的关注越来越多，显示了法国社会对生命普遍的关爱与珍惜，这是一个社会走向文明所必备的情感之一，我们需要加强对弱势群体的关注。

英国的住房补贴属于社会补贴的范畴，有两种形式：一种是由地方政府出面通过国家投资兴建公房，再由地方政府向国民低价出租。另一种是实行住房津贴，给租房住户提供房租补贴。

除了较完备的社会福利机制之外，20世纪的法国还拥有众多的非政府组织的慈善机构，作为社会福利体系的有效补充。帮助穷人，关爱弱势群体由来已久，但由于大革命的打击，以及政府的干预，进入近代后传统的慈善举措几乎销声匿迹，政府独揽社会福利事业，实则不利于全民参与社会福利，民众的社会责任感被削弱。到了20世纪，尤其是二战后，随着人们社会福利观念的转变，越来越多的人参与社会福利事业，致力于帮助弱势群体获得基本的生活保障，并谋求自身发展。目前，在法国，规模较大的慈善机构和人道主义组织有三十多个，比较著名的有社会急救中心、“埃马尤斯”、红十字会等。

社会急救中心：1993年，时任巴黎市长希拉克支持埃马纽利教授建立巴黎社会急救中心，为身陷困难的社会人群提供初步的心理和医疗救助，再根据情况将之送至医院或收容庇护所。目前，社会急救中心遍布法国各地，而全法社会急救中心协会于2001年正式成立。

社会急救中心开通24小时热线电话，方便身陷困难者求救，也方便热心民众、警察等提供线索，一旦出现情况，中心立马派遣人员前往现场救助。另外，社会急救中心每晚派出巡逻车在街头巡逻，以便随时帮助有困难的人。车上一般配有一名护士和一名社会工作者，护士负责初步的诊疗，而社会工作者则将救助对象的社会情况登记在案，帮助其寻求社会福利救济，也为其前往庇护中心开具证明及情况报告，方便其住宿。

“埃马尤斯”：该组织正式成立于1953年，发起者为法国议员格鲁，该组织是目前法国颇具影响力的慈善机构，在全国各地设有庇护所，且海外有不少数量的分支机构。“埃马尤斯”组织的宗旨在于为无家可归者提供临时庇护；为困难人群和灾民提供救助；通过自营或合作的经济机构帮助困难人群融入社会。其资金来源主要为政府资助、成员会费、不动产收入及各方捐款，另外还包括了回收并出售社会捐赠剩余物资所得的收入。

法国现代慈善机构是法国社会福利体系的一个有机组成部分，其运行模式更为灵活且针对性更强。

许多慈善机构的工作人员是志愿者或社会工作者，他们更加关注救助对象的生理、心理需要，力求满足其心理需求，帮助救助对象树立健康积极的价值观，发展自身并积极回馈社会。

贫困：完备制度下的尴尬

法国政府自20世纪起，尤其是第二次世界大战后积极投身社会福利事业，建立起了覆盖全体国民的社会福利网，从而为广大民众提供了生活保障以及自身发展的空间与机会，促进社会的和谐发展。但是，完备的社会福利体制下依然存在着不尽如人意之处，有待进一步改善。

第一，贫困依然是法国社会挥之不去的噩梦。从人类诞生之日起，贫困就一直困扰着人类社会，社会各界倾尽所能想彻底根除贫困，然而，效果却不遂人意。随着法国近现代经济的发展，自20世纪70年代以来，贫困问题伴随着社会经济危机的出现而渐趋严峻，贫困人口大量存在。

与欧洲其他发达国家相比，法国的贫困人口较多，贫困现象较为突出。20世纪末，欧盟内部大约有5000多万居民生活在贫困线下，而法国则约有1000万人需要依靠救济方能勉强维持生计。（秦德占：《变动中的当代欧美社会》，当代世界出版社，2004年，260页。）至2003年，全法国大约有80万人处于本国贫困线下，如果按照欧盟内部划定的统一标准贫困线，则法国贫困人口比例将高达10.5%，远远高于邻邦德国的7.6%，小国卢森堡的1.3%。（秦德占：《变动中的当代欧美社会》，当代世界出版社，2004年，259页。）在这些贫困人口中，绝大多数是单身妇女、单亲家庭、移民家庭和少数族群，均为社会的弱势群体。除此之外，在法国，还有一批无家可归者，他们处于绝对贫困（绝对贫困，又称生存贫困，是相对于相对贫困而言的，指在一定的社会生产方式和生活方式下，个人和家庭依靠其劳动所得和其他合法收入不能维持其基本的生存需要的一种状况。）状态。1993年，据法国收容所基金研究办公室统计：在法国，"无住房人士"达20.7万人，其中无家可归者达9.8万。但很多人提出了异议，认为在法国无家可归者可能达到40万~50万人，约占法国人口的1%。（Libération，6 novembre 1994，转引自若兹·库贝洛，曹丹红：《流浪的历史》，广西师范大学出版社，2005年，325页。）这批无家可归者常常居无定所，没有固定的职业，使得他们没能纳入国家社会福利体系之内，从而得不到政府的援助。

当绝大多数人享受政府给予的高福利，衣食无忧地在政府编织的"从摇篮到坟墓"的安全网中生活时，这批人却仍在温饱线上挣扎，成为无依无靠者，感觉不到社会的温情。

与此同时，贫困人口还备受精神上的折磨。这批贫困人口由于没有工作，甚至没有固定住所，因而游离在社会边缘，无法通过工作体现自身价值，也没能通过工作融入社会而成为一个有用的人，从而感到精神空虚，孤苦伶仃，似乎成为社会的弃儿。而另一方面，社会上有些人士对这批居无定所、无所事事的人表示了极度的厌恶与不理解。"大部分人是酒鬼，还常常试图睡在车站、建筑物边上或广场上""喝着变质的啤酒、满身污垢"，（Courrier international，31 aout-6 sept 1995，转引自若兹·库贝洛，曹丹红：《流浪的历史》，广西师范大学出版社，2005年，327~328页。）成为城市的污点，甚至遭受排挤。这对于他们来说，无疑是雪上加霜，备受折磨。

第二，贫富差距所带来的不平等现象依然是法国社会的主流。法国一向标榜“自由、平等、博爱”，甚至将“平等”视为国训，各届政府力图“缩小社会不平等，使法国人民更加团结和更具有活力”。但事与愿违，在完备的社会福利体系下，由贫富差距所带来的不平等现象依然是法国社会的主流。

据1995年统计，占法国总人口10%的富人却拥有全国财富的50%，而占全国人口一半的较贫穷的人仅拥有全国财富的7%，其中最穷的20%只拥有总财富的1%。（多米尼克·费雷明等：《2002年法国年鉴》，罗培拉枫出版社，2001年，1846页，转引自徐鹤森：《试论当代法国福利制度的得失与危机》，载《杭州师范学院学报》，2004年第6期。）而且，财富正呈现越来越集中的趋势。1996年，身价超过10亿的法国富人为89名，1997年为109名，1998年为117名，1999年则为113名，至2000年人数更上升为152名。（多米尼克·费雷明等：《2002年法国年鉴》，罗培拉枫出版社，2001年，1846页，转引自徐鹤森：《试论当代法国福利制度的得失与危机》，载《杭州师范学院学报》，2004年第6期。）这种财富不均也体现在不同的行业之中。由于历史的原因，法国的社会保障体系非常繁杂，同时存在不同制度，且各制度间或相互平行或重叠或互为补充或相互交叉，不一而足。一般来说，社会福利制度以行业为单位，各行业对本行业的社会福利分配有各自的管理模式。这样一来，一些相对好的行业待遇好、福利好，而收入较低的行业其得到的社会福利就相对少得多。以银行为例，1980年，一般的职业员工月平均工资为7272法郎，其收入最低的10%的人的收入也比法定最低工资要高出一倍。（弗朗索瓦·德克洛泽：《多多益善——法国社会生活内幕》，张庚辰等译，世界知识出版社，1984年，45页。）同时，他们还享有一系列企业补贴，如休假补贴、年终补贴、结婚补贴等，以及各种津贴、互助金、保险等福利收入，待遇丰厚，福利多多。而一些服务性质的行业，如清洁工则没有这么好的待遇。普通清洁工的工资很低，在最好的情况下也只是法定最低工资+10%，（弗朗索瓦·德克洛泽：《多多益善——法国社会生活内幕》，张庚辰等译，世界知识出版社，1984年，48页。）而且只是享有份额较小、数额较少的社会福利。除此之外，他们还时常面临失业的威胁。据全国统计和经济研究所计算，清洁卫生行业的解雇率高达14%，而银行系统的解雇率仅为1.6%，两者之间相差近10倍，（弗朗索瓦·德克洛泽：《多多益善——法国社会生活内幕》，张庚辰等译，世界知识出版社，1984年，49页。）这又怎么可能会平等呢？

另外，社会各阶层间收入不平衡现象突出。在法国，1950年，高级干部月工资为660法郎，中层干部为335法郎，而下层工人的月工资为225法郎。至1980年，情况发生了改变，高级干部月工资高达11880法郎，而中层干部则为5920法郎，工人则只有4160法郎。（弗朗索瓦·德克洛泽：《多多益善——法国社会生活内幕》，张庚辰等译，世界知识出版社，1984年，109页。）收入不平衡现象越来越明显，且高级干部比中下层享有更多的社会福利待遇。这种现象在国营单位更为突出，国营单位福利多、待遇好，高层管理人员更是福利多多，其实际收入远远超过其他人。

二战后，法国建立起以人为本的完备的现代社会福利体系，且非政府组织的慈善机构方兴未艾，所有这些为法国全体民众编造了“从生到死”的安全网，到处洋溢着社会温情与人文关怀。但是，完备的福利体制依然有不尽如人意之处，有待进一步改善。

福利国家何去何从

从中世纪宗教色彩浓厚的慈善救济到近现代福利国家的建立，法国的社会福利事业走过了一段漫长而艰辛的路程，一路上磕磕绊绊，甚至曾经走了弯路，但却在不断地前进着、进步着。中世纪的社会救济尽管有着人与人之间朴素的、原始的互助互爱之情，但更多的是出于宗教救赎目的，将弱势群体当成富人升上天堂的阶梯，表达宗教虔诚的工具；富人们缘于自身的救赎而救济，馈赠具有很大的随意性，毫无保障；教会、行会、兄弟会等慈善机构出于对上帝的虔敬，积极从事慈善事业，以此来表达对上帝的虔诚与敬爱，是为了取悦上帝而施舍，而非真正从弱势群体的需求出发，真心关心弱势群体，弱势群体充其量只是其证明宗教虔诚的载体。

到了中世纪末期，甚至近代早期，随着宗教情感的衰落，价值观的改变，穷人的形象发生了根本性的改变，从“基督的穷人”变成了扰乱社会秩序的潜在危险分子，社会对待穷人的态度越来越严厉，政府开始介入其中，慈善机构逐渐世俗化。但政府的介入只是将贫困人群排除在社会之外，把救济与镇压、驱逐与监禁结合在一起，驱逐乞丐、禁闭穷人，秩序才是最终的目的。社会救济由中世纪早期的宗教虔诚变成为政府的司法行为。

直至大革命时期，国家大力打击教会等传统的慈善机构，承认国家有责任有义务承担起社会福利责任，以法律形式确认“每个人都有生存的权利”“有工作的权利”，且同时“有权利获得一份工作”，从而承认穷人的社会权利及工作权利，而这种权利是无条件的。尽管这时期，政府出于中央集权的目的，打击教会及地方权贵，法国政府与教会、中央政府与地方势力之间矛盾重重，社会福利领域一度成为彼此争权夺利的领地之一，其卷入政治、经济漩涡，成为权力斗争的牺牲品，但不可否认的是，法国政府已经开始着手建立全民社会福利体系，并订立了福利制度，也就有了强而有力的法律保障，从而把弱势群体当成社会必不可少的一部分，是国家分子中的一员。国家通过强制性的法律给予弱势群体最基本的生活保障，并促进其自身发展与进步，弱势群体重新融入社会，法国社会正在向文明大步迈进。

19世纪末20世纪初，尤其是第二次世界大战后，欧洲各国掀起了建立福利国家的高潮，且收效颇丰。法国政府毫不示弱，积极投身社会福利事业，不断订立并完善福利制度，建立起了以人为本的完备的社会福利体系，关注人本身的需要，给予尊重与帮助，赋予劳动的权利，使之成为国家的一部分，成为对社会有用之人，满足其作为一个有用的人的心理需求、精神需求，而不再是单纯的成为被施舍被可怜的对象。国家以此增强了社会与每个成员间的联系，也增强了人与人的关系与感情，增强人们的社区意识与国家荣誉感，从而促进社会的和谐与进步，人文关怀、社会温情在此尽显无遗，法国社会正昂首阔步向前迈进。

尽管近代以来，法国的社会福利事业取得了辉煌的成就，促进了社会和人类的完善与进步，然而再完备的制度体系也难免会存在着这样或那样的缺陷与问题，英、德、美等国亦如是。

社会福利的单一性：中央集权带来的弊端

中世纪，主要是由教会、行会、医院等慈善机构承担社会救济的主要部分，具有浓厚的宗教色彩。上帝强调博爱与仁慈，帮助、怜悯穷人之人必能得到上帝的垂悯与喜爱，因而，在整个中世纪，救济穷人、帮助穷人现象蔚然成风，到处洋溢着朴素、真挚的关爱。另外，中世纪的庄园制、分邑制等使得个人与领主之间关系密切，农民效忠领主，领主关爱农民，其乐融融。而社区间、邻里间更是亲密无间，互济互助。但是，随着近代工业的发展，人口流动频繁，传统上以地域条件为界限的社区、邻里关系遭到破坏，众多亲人居住在一起的习俗难以延续，各自为生计而忙碌，人与人之间的情感交流变得越来越少，情感也似乎越来越淡薄。而大革命后，法国教会影响力一落千丈，教士、贵族在政治上大受打击，他们固守地方救济这一最后阵地，社会福利成为中央与地方争权夺利之地。直到20世纪中期，社会福利几乎完全变成了国家的责任，宗教、社会力量被排除在外，社会福利的承担主体单一化，而这并不利于全民社会福利的发展。

第一，社会福利承担主体单一化造成国家巨大的财政困难，不利于社会福利的发展。社会福利尤其是近代以来的社会福利体系覆盖全体国民，涉及人们生活、工作的方方面面，体系庞大、复杂，无论是教会还是国家，社会福利的管理、财政负担均是难以承受的重担。早在中世纪末期，法国各地教会的救济事业就出现不同程度上的经济危机、管理危机，在此背景下，地方政府和王室开始部分接手社会救济事业，使之不再是教会一统天下。至十八九世纪，教会遭受大革命打击，其经济实力、社会影响力一落千丈，教会再也无法承担沉重的社会福利责任，地方贵族遂成为社会福利事业的主要资助者和领导者。直到19世纪末20世纪初，在政府的打击下，教会、地方权贵退出社会福利领域，国家成为社会福利责任的承担主体，对社会福利事业大包大揽，干涉颇多。但是，庞大的福利费用却不是国家能独立承担的。

目前，法国社会保障制度体系涵盖145个基本制度，而这些制度体系又由众多法律条文组成，仅家庭福利方面就有34种，涉及1.5万个法律条文。再比如法国的养老保险，主要由两方面组成：一般养老保险和特殊养老保险，同时根据职业的不同，这两大养老保险又分别由各大保险基金会负责，主要由普通养老保险机构、工薪者和公务员养老保险机构、补充养老金管理机构、企业管理干部养老保险管理机构协会和政府地方非正式公务员的雇员补充养老保险管理机构等。除此之外，为避免行业间差距过大，国家另外设立了各种补偿制度。在法国第八个五年计划中，有约120种基本退休金，而针对工薪阶层的又有380种辅助性退休金。（安德烈·拉布戴特：《退休制度》，范晓雷译，商务印书馆，1997年，2页。）庞大的社会福利保障体系需要大量人员进行管理与分配。目前，法国全国大约有120个社会福利中心负责向公民发放福利金、管理公民的最低工资核定与发放、为残疾人发放各种救助金等多项社会福利工作，而这些社会福利中心每年的管理费用高达400亿欧元。（李巍：《法国的公民家庭福利政策及其启示》，载《社会福利》，2003年第2期。）这笔高额的管理费只是庞大的社会福利财政负担中的一小部分，但对于法国本已严重的福利支出财政赤字状况却是雪上加霜。政府除了要负责一笔近于天文数字的福利费用外还要支付这笔庞大的管理费用，难怪法国财政支出屡屡出现赤字。

第二，社会福利承担主体单一化不利于社会真正的和谐与融洽。国家建立全民社会福利体系，保障社会弱势群体最基本的生活保障，并赋予其工作的权利，使其重新融入社会，从而促进社会的进步与和谐。高福利制度是对公民权利的极度张扬，普遍和周到的社会福利，几乎惠及全民；而从生到死的社会保障则提高了社会弱势群体对疾病、失业、退休等风险的抵御能力，为其解除了生存上的后顾之忧，将其从生活困苦中解脱出来，从而可以更好地发展自我，完善自我，这真是人类文明的一大进步。然而，政府对社会福利事业独包独揽，排斥宗教、社会力量的介入，实则不利于整个社会真正的融洽与和谐发展。

首先，政府干涉福利问题的最初着眼点在于福利事业的控制权，而非社会福利事业本身的发展。十五六世纪，王室开始介入传统的社会救济领域，与教会展开争斗，意欲排挤教会在公共事务的影响力和作用。近代以来，法国历届政府几乎秉持这一原则，极力贬低教会在福利方面的作用与贡献，不遗余力地排挤教会，同时也排挤社会力量。但与此同时，政府却无意从财政上、管理上发展社会福利事业，而将具体组织实施福利的事项推给地方和教会，即在政府的领导和授意下，地方和教会负责社会福利，而不提供经济援助和政治支持。另一方面，由于国家通过法令接手地方救济机构，传统的慈善救济机构转变为政府组织的现代福利机构，而不再是地方自豪感的象征和人们宗教情感的归宿，人们认为没有必要再捐赠给地方救济机构。这样一来，法国民众空有社会法令保障，却没有真正从中获益。

其次，政府与教会、中央与地方之间的政治争斗削弱了彼此实力，社会福利的发展受到不良影响。经过大革命的重创，教会、地方旧贵族在政治上已失去昔日荣耀，在社会上的影响力遭削弱，只好牢牢地抓住地方福利这最后一根稻草。而国家从政治上对地方救济机构的控制实则进一步打击教会、地方旧贵族。双方争斗不休，将社会福利的发展扔在一边，且彼此实力消耗不少，这都不利于社会福利的发展。

实际上，在社会福利体系的管理和实施方面，尤其是财政上，中央政府不应把权力统得过死过严，在以法律形式确保弱势群体的基本生活之外，政府应号召全民参与、全社会参与，并由地方政府、私人企业承担一部分福利责任，以培养市民的社会责任感和集体荣誉感、国家归属感。从生到死的社会保障使公民过多地依赖国家，富裕的人认为只要交了税就可以了，帮助穷人、关爱弱势群体是国家、政府的职责，从而置身事外，淡化了市民的社会责任感。甚至传统的家庭价值观也发生了改变，产生了一些人将家庭责任，如抚养婴儿、赡养老人等责任推给国家的现象，人与人之间变得生疏而冷淡，甚至麻木不仁，漠视身边需要帮助、需要关心的人。因为已经交了税，照顾弱势群体就是国家的职责。殊不知，人与人之间真挚的情感、坦诚相待、真心关怀才是最为弥足珍贵的，才是人类进步的真谛。而且，人们只有通过帮助他人，关爱他人，为集体做出自己力所能及的事情，才能从中真正获得满足感与幸福感，才能真正实现自我价值，而这些只是单凭交税是永远都体会不到的。因此，除了国家之外，应当积极推动个人、企业乃至整个社会投身到社会福利事业中，正确定位政府、企业、团体及个人在社会福利中所承担的责任以及各自所起的作用，由政府、企业、团体及个人共同承担社会福利基金，共担社会风险与责任。比如说，政府应尽量缩小干预社会福利的范围和项目，把这些项目交由非政府志愿机关、工人合作社和其他社会团体承担；鼓励私营部门以各种方式参与福利资源的配置，推动福利管理中的合作等。在这方面，英国、芬兰等做得比较好，如英国工党政府就积极拓宽资金来源渠道，大量引入私人资本并按市场机制运作，提高投资效益；而芬兰在养老金制度上则把与收入挂钩的

孤儿院孩童在等待开饭。

养老金、国家保障的最低基本收入和法定私人部门供给结合在一起;德国则以征收生态税来平衡养老金收支缺口,实现养老金负担向能源使用者和全体纳税人的转移,等等,这都是一些值得借鉴的好方法。

除此之外,国家在保障下层民众的基本生活之外,也应当把目光投向加强社会中上层阶级的福利上。因为社会福利除了保证人们获得最基本的生存需求之外,更要帮助人们在社会群体中更有效地发挥作用,不仅要生存下去而且还要获得发展。因此,社会福利也应当把目光投向中上层阶级,增强其抗风险的信心与能力,给予其安全感,并关心其对精神层面的需求,更重要的是引导他们更多地关注社会,关爱人类。

另外,现代的社会福利事业不应当将宗教排除在外,实则上,宗教重视人生的意义,强调每个人都有获得爱与尊重的权利,强调对他人的爱、宽容与帮助,从而培养人们的集体荣誉感,促进邻里相互照顾,增进人与人之间的感情。因此,国家应鼓励宗教在现代社会福利中发挥其应有的作用与影响。社会福利应在国家的号召下全民参与，全民享有福利，社会、国家因着全民社会福利而紧紧团结起来，共同进步。

高福利带来高税收：不能承受之重

欧洲国家的高福利不可避免地会带来高税收，成为国家、企业集团不能承受之重。目前，国家征收的主要税种有个人所得税、巨富税、财产转移（财产赠与、继承等）税等，其原则是“富者多交，贫者少交”，且个人所得税实行高额累进制。法国政府规定年收入低于2.6万法郎者不用交税，而超过29.5万法郎者则需交纳累进征税，最高征税高达54%，这一税率在所有西方国家中可以说是最高的。同时，财产超过470万法郎的还要缴纳巨富税，在法国，一年中就有二十余万人缴纳了巨富税。而且，根据法国现行法律，如果纳税人的财产净额超过76万欧元，则应交纳社会团结财富税，其税率从0.55%至1.8%不等；如果纳税人财产净额超过1581万欧元，该税种税率封顶至1.8%。2006年，法国有近46万户家庭交纳社会团结财富税，总额达到36.8亿欧元，约占总税收的1.6%。（芦龙军：《法国税制重视财富共享》，载《民主与法制时报》，2008年第1期。）正是通过高税收，法国政府将社会财富集中起来重新分配，推行各项社会福利保障。现今，法国社会保障支出金额相当于法国国内生产总值的30.5%，其中77%来源于雇员和雇主缴纳的社会分摊额和对工资外收入征收的普通社会税金。（顾俊礼：《福利国家论析》，经济管理出版社，2002年，173页。）在法国，高税率主要来自企业老板、工厂雇主，而企业老板、雇主除了要付给工人不菲的工资，还要与雇员承担数额几乎一致的社会保险分摊金等，除此之外，还要承担各种巨额的财富税、所得税等，这对于凭着自己的能力、努力辛苦赚钱的人来说是不公平的，不仅严重打击了其创业致富的积极性，不利于法国的国际竞争力，更重要的是有损这些积极创业、努力致富的人的成就感和荣誉感，使其备受挫折。

懒人现象：意料之外的福利果实

政府建立全民福利体系本意是为了保障民众最基本的生活，维护其人权，然则，“从摇篮到坟墓”的高福利却培植了“惰性”，造成了懒人现象，这是人们料想不到的。法国的失业保险是强迫性的，且份额不少，工人失业后可得到数额不少的失业救济，而且，当失业保险终止后而此人还没找到工作的话，则可以得到社会援助保险、社会融入最低收入等，个人的生计基本上不成问题。所以，很多法国人失业之后并不急着找工作，而且找工作时挑三拣四，致使法国失业率居高不下。再比如说，在瑞典，人们工作和不工作的收入相差不到20%，这使得人们对缺勤抱轻率态度，导致职工缺勤率高达20%。近年来，美国民众对政府向穷人和弱势群体施予援助的态度发生了很大改变。在1995年的两次全国民意调查中，绝大多数民众认为“人们会通过长期依赖和不尽全力摆脱等方式滥用这一制度（指社会福利——作者注）”；“福利会代代相传，社会最底层将永远存在”。人们普遍认为社会福利败坏了工作道德，助长了人们的懒惰作风。

目前，人的寿命和旷工、请假率是瑞典的“三个新高”。

高福利造成的“懒人现象”使众多福利国家陷入了失业率居高不下而劳动力供给严重不足的怪圈。有感于此，很多欧洲国家开始调整政策以防止“懒人”的滋生。在瑞典，政府不断调整就业政策：第一，帮助失业人员寻找工作；第二，采取措施消除就业瓶颈；第三，帮助难以在劳动力市场找到工作的失业人员。其就业政策的主导思想是促进人们就业技能的提高。与此同时，对领取失业保险和失业救助规定了期限。比如说，按照规定，领取失业保险不得超过300天，领取救助金54岁以下不能超过150天，54~59岁不能超过300天。（邱莉莉：《北欧国家如何在福利制度中体现公平》，载《社区》，2008年第8期。）救助时间过长就会使人们产生依赖性以及惰性，影响到自身再就业能力。因而，目前很多福利国家，如美国、加拿大、澳大利亚和新西兰等明确规定救助期限，时间从六个月到一两年的情况不等，也有国家救助时间比较长。例如，美国政府规定，一个人最多可享受六年的社会救助，对于实在困难的家庭或个人政府会考虑延长救助时间。

除了限制救助期限，有些国家还规定了领取救助的条件：不拒绝给他介绍的工作并愿意继续工作。比如说加拿大，按规定，在救助期限内，被救助者每个月要到社区救助中心汇报自己的就业情况，登记联系工作的次数，对方公司的名称、电话及经理姓名都要详细记录在案，方便社区救助中心进行回访，查证情况是否属实，一旦发现被救助人没有努力地找工作，便取消其救助资格。

在丹麦，为了防止出现“年轻懒汉”，政府采取了强制性的就业措施，要求25岁后的失业者在接受救济的一年内，必须接受政府提供的工作岗位，或进入生产学校学习，否则便会失去所有支持。

另外，美国联邦政府对穷人、弱势群体的救济开始出现以个人行为来定位社会福利津贴的趋势。比如说，在过去的60多年中，通过“抚养未成年子女的家庭援助”（通常称为AFDC），贫困的单身母亲可获得基本生活保障，至20世纪60年代，AFDC的资格条件有所放宽，所有得不到父母抚养的儿童以及父母的收入和财产低于某一特定水平的儿童均有资格参与此项目，使得申请人数大幅度增长。但民众却认为“如果不存在经济援助，妇女生育的孩子可能不会像现在这么多”。有鉴于此，联邦政府于1996年颁布了《个人责任与就业机会协调法》，以“贫困家庭临时援助”（即TANF）取代“抚养未成年子女的家庭援助”。TANF法案试图通过限制拨款额、受益期限及资格标准，运用经济激励和惩罚手段来控制贫困妇女的生育行为和家庭结构，并规范妇女的就业，即对积极参加工作的人施予奖赏，对不履行者则加以处罚。比如说，AFDC法案并没有对获得经济援助的妇女强加相应的工作义务，而TANF法案则要求妇女在获得经济援助的两年内每周至少工作20个小时，而实际上，美国的好几个州实施了更为严厉的要求。这些工作包括私人或公共补贴性或非补贴性就业，比如社区服务，同时严格限制教育、培训和工作搜寻等活动。对于那些抵制就业的妇女，州政府可以降低或终止对其的经济和医疗津贴。

救助时间的限制以及救助条件的确立看似不人道，似乎又回到了“济贫法”对救助人的苛刻对待。其实不然，英国的“济贫法”影响颇广，时间较长，也包括法国在内，其采取的“不够格”原则实则是不尊重被救助人。根据新旧“济贫法”，领取救助的弱势群体必须入住收容所、习艺所等机构，而习艺所把贫民按性别、年龄、体质等分成六类，各类居民分开居住，相互隔离，且他们要从事如砸石头、拆散油船缆绳之类的苦力活，根本不被当人来看待。而且，这种使弱势群体与社区隔离、与亲人分开而采用公共居住的方式削弱了家庭的作用与亲人的情感交流。更何况，对于申请者必须进行考查，只有确属年老体弱、身体功能衰退者，且品行端正、勤俭者方可入住其内，这对被救助人是一种莫大的侮辱，使其不仅失去了自由，更失去了尊严。无怪乎很多人宁愿饿死冻死也不愿意接受收容所、习艺所等的救济。

但是，进入20世纪，政府限制了救助时间以及救助条件实则是从保护弱势群体、爱护弱势群体的角度出发的。正如我们前面所说的，一旦救助时间过长，人们就会产生依赖性，不愿自食其力，久而久之就会感到内心空虚，精神郁闷，且感觉与整个社会格格不入，从而会备觉孤单与无用，这不利于一个人健康积极心态的形成，也不利于完整人格的塑造。设立救助时间一方面是为了使贫困之人及其家属能够及时得到救助，另一方面也要让他们明白：救助并非永久的，走出困境需要自救，需要提高自身再就业的能力，从而成为一个有用之人，获得精神的愉悦与满足。他们可以自豪地宣称，依靠自己辛勤的劳动换取福利津贴，而非不劳而获，从而增强领取者的自尊与自信；与此同时，也使受帮助者为社会作贡献，回馈社会，积极回报社会的关爱，为社会及他人承担责任与义务，从而获得极大的满足感与成就感；而个人通过工作增强了与社会的联系，从而增强了集体荣誉感及国家归属感，促进社会进步与文明发展。实际上，国家有责任关爱、照料弱势群体，而公民在享受社会温情的同时也有责任和义务贡献自我，回馈社会，权利与责任应该是合二为一的，这一原则适应于国家、政府，也适应于企业机构、个人，责任是健全社会的基石，是每个现代公民必备的道德之一。个人、集体和国家应当一起为建设和谐美好的社会共同努力。

重制度轻人文关怀：本末倒置

现今，西欧发达国家的社会福利体制相当完备，涉及方方面面，给予普通民众最强有力的生活保障与发展机会。然而，在欧洲各国建立现代社会福利制度过程中却存在一个误区：过于注重福利体制的建立与颁布，却忽略了社会福利的真谛：人文关怀以及人与人之间真挚深厚的情感交流，从而本末倒置。我们仅以法国的老年人生活为例。

法国是世界上最早的老龄化国家之一，政府很重视对老年人生活的保证与照顾，订立了一系列较为完备的老年人保障制度，但是却没能关注老年人的生理、心理需求，法国福利体系下的老年生活并非称心如意。

1910年，法国政府颁布老年保险法，主要是针对工人农民的老年生活，但法令以失败告终；现行的老年保险制度始于1945年的老年保险法，至19世纪六七十年代惠及法国全体国民。至1982年，根据法国的人口普查，大概有36万老人生活在养老院、福利院和医疗机构，（丁希光：《总人口的结构》，全国统计和经济研究资料中心，1977年，转引自保罗·帕伊亚：《老龄化与老年人》，杨爱芬译，商务印书馆，1999年，28页。）此外还有一些老人生活在家庭收容所等小规模福利机构。完善的老年保障体系以及众多的养老机构使法国老年人基本上衣食无忧，老有所养。但是，老年保险制度虽然为老年人提供了经济保障，确保其有尊严地度过余生，却缺乏对老年人真正的关心与照料。

首先，退休后的老年人其经济收入、社会地位处于下降趋势，老年人承受一定的心理压力。西方传统家庭供养是以个体家庭为主，其供养方式以财产的占有权和继承权为转移。中世纪欧洲的家庭往往有两种供养模式：长子家庭的供养模式和次子家庭的供养模式。长子家庭供养模式中，长子结婚后，按照基督教传统，其有抚养子女的责任，不可推卸，又有赡养父母的义务，但要以父母交出资产为条件，这是一种比较常见的模式。次子家庭供养模式则是次子结婚后只需抚养子女，而无需赡养父母。

除了家庭供养之外，还有一些社会养老传统。在古代的瑞典有传递“仁杖”的邻里互助习俗，即在一根长约三尺的木杖上刻着“乡邻们，当仁杖传到您家时，请对贫病者给予帮助和照顾”。[宋玉华，谢联辉：《全球行动——迎接人口老龄化》（联合国老龄话题文件总汇），北京华龄出版社，1998年，447页，转引自姜向群：《老年社会保障制度》，中国人民大学出版社，2005年，11页。]按照此传统，当“仁杖”传到哪一家就由这一家负责帮助和照顾邻里，此后该传统发展成为“保健储蓄箱”，即乡邻们每月从收入中抽出少许钱投入其中，这些钱用于救济贫病。而其他一些国家，如德国则是设立手工业者互助基金会，通过其成员缴纳基金，将此公共基金用于帮助丧失工作能力又没有土地依托的手工业协会会员。在工业革命之前，老人是一家之主，即使年老体衰无力再劳作，也是家中真正的领导者，以及家中事务最后的决策者；而老年妇女则是家中不可或缺的帮手，为后一代提供帮助，照顾孙辈，尽自己一份力，老年人在家中拥有比较高的地位。工业化后，尤其是退休制度建立以来，老年人则从一生的劳碌中解脱出来，安享晚年。然而，伴随着安逸生活而来的是老年人经济收入的降低以及社会地位的下降。

法国政府虽然订立法令在经济上为老年人提供养老金、退休金等，但这些远比不上劳动所得。以普通养老金为例，对于年龄在60岁以上（包括60岁）、投保年限达37.5年以上的人来说，其养老金金额仅为投保期间最高十年平均工资的50%，对于不足年份者则依据年份长短递减。但事实上，由于投保年限过长，很多人无法拿到那么高的养老金，20世纪80年代末，“退休金最高只能达到最低工资标准的105%”。（李琮：《西欧社会保障制度》，中国社会科学出版社，1989年，245页。）更何况，养老金体制复杂繁琐，且管理机构分散，各机构申请手续不同，计算方法也千差万别。繁复的养老保险体制使众多投保人分不清东西，就是一些专门研究退休金制度的专家也被弄得糊里糊涂，“不少人对自己所需要承担的义务尚有些了解，可是对自己享受的权益范畴，以及退休总数额等事项却不甚清楚”。（安德烈·拉布戴特：《退休制度》，范晓雷译，商务印书馆，1997年，1页。）很多老年人在复杂的养老保险体系面前显得很无助，根本弄不清自己应得的权益及养老金额。再加上年老体弱，老年人不得不在医疗方面增加投入，使本来微薄的养老金所剩无几，只可勉强度日。

经济收入的减少使老年人晚年生活拮据，同时也使其社会地位有所下降。传统社会中，老年人因其丰富的经验知识而受尊重，在家庭、社会中仍有发挥余热的空间与机会，从而受到人们的认可与尊重。但是进入近代工业化以后，科学技术、知识日新月异，生活节奏紧张，老年人逐渐跟不上时代的步伐，其生活经验、工作积累在日益机械化、自动化的社会大生产及发展迅猛的科学技术面前显得苍白无力，老年人失去了优势，其社会地位急剧下降。且退休老人因不再工作而被看成对社会无益之人，似乎反而成为家庭的包袱、社会的累赘，这使老年人承受着巨大的心理压力。在西方社会中更倾向于保护儿童和青年，认为没有什么理由应当更多地保护老年人。“尽管大多数子女热爱自己的父母——哪怕父母很老了，但是他们这种爱的强度多半在递减。这种不对称的现象在生物学上是解释得通的。将大量资源用于上了年纪的没有生育力、没有实际或潜在生产能力的人，无助于促进包容适应性。”（理查德·A.波斯纳：《衰老与老龄》，周云译，中国政法大学出版社，2002年，242~243页。）其实在整个欧洲，年龄被很多人看成一个甩不掉的包袱，且越背越沉重，西方人的观念是年纪越大越不被人看重，因而，绝大多数欧洲人忌讳谈年龄。

其次，老年人尤其是缺乏自理能力的老年人在日常生活中缺乏照顾，感情上缺少关爱，生活艰难而孤独。近代以前，赡养老人是家人天经地义的义务与责任，老年人生活在大家庭中，是家中的精神支柱，关爱子辈孙辈，为他们树立好榜样，而年青一代则尊重敬爱长辈，一家人生活在一起，其乐融融。但是，近代以来，随着工业化的发展，人口流动越来越频繁，年青一代过早地外出求学、工作，面对沉重的压力、残酷的竞争挑战，往往牺牲与亲人朋友相处的时光，以应对繁重的工作，家人亲属间互相扶持、互相鼓励、相亲相爱的情感被淹没在繁重的工作、紧张的生活节奏中，现实中的人性温情、亲情观念淡薄，“空巢”现象逐渐增加，独居老人，尤其是一些生活无法自理的老年人，无论是在生活上还是情感上都备觉痛苦与无助。

随着工业化的快速发展，年轻人外出闯荡，建立起核心小家庭，与老人同住的现象越来越少。一份报告指出：法国30%以上的已婚子女搬离父母家另建小家庭，但与父母住在同一市镇；53%

左右的子女住在离父母不到20公里处。(L.鲁塞尔，O.布尔吉尼翁：《子女结婚以后的家庭》，见《关于代际关系的研究》，法国大学出版社，1976年，转引自保罗·帕伊亚：《老龄化与老年人》，杨爱芬译，商务印书馆，1999年，76页。)同住一市镇，且距离不远，但子女们忙于生计，却很少会前往父母家中共享天伦。而且，“子女受教育程度越高，每天去看望父母的次数就越少，哪怕住得离父母不到20公里处的地方”，(保罗帕伊亚：《老龄化与老年人》，商务印书馆，1999年，77页。)而这一现象正成趋势。子女探望父母次数少得可怜，更谈不上照顾老人、安慰老人。20世纪90年代初，法国约有150万老人在生活上需要帮助，其中大约有23万老人生活上完全无法自理，约32万老人需要在日常生活中得到照料。(Claude Martin, Antoine Math and Evelyne Renaudat, Caring for very young children and dependent elderly people in France: towards a commodification of social care，载Jane Lewis edited: *Gender, Social care and Welfare state restructuring in Europe*, Ashgate publishing Ltd, 1998, p.157.)这批人得不到子女的照顾与关爱，只能被送进各种社会福利机构，在一个完全陌生的地方度过余生。然而，这并非老年人所期待的生活方式，老年人们渴望子女承欢膝下，得到亲人的照料与关爱，所以，尽管有150万老人在生活中存在困难，他们中的绝大部分依然选择生活在家中而非福利机构。但年青一代却依然忙于奔波，将照顾老人、安慰老人的责任推给国家与政府，单纯依靠社会福利体制来解决问题。

老年人是长者，他们将自己的一生奉献给了家庭，奉献给了社会，他们理应得到亲人朋友的关爱与照料，理应得到社会的认可与关怀。德国政府在对待老年人的问题上很有见地，值得借鉴。德国政府从人文关怀、社会关爱、全员护理等视角和需要出发，为老年人提供更为人性化的社会福利。首先，从个人消费支出上预留空间，用于老人护理服务。从1995年开始，德国根据社会需求，新增了一项新险种——护理保险。每月交纳的护理保险费为雇员工资的1.7%，由雇主和雇员各缴50%。（沈建，张汉威：《德国社会养老保障制度及其启示》，载《宏观经济管理》，2008年第6期。）护理保险是强制性的，政府规定凡参加法定医疗保险者，本人及其赡养人员则视为自动加入护理保险，因而，德国的医疗保险和护理保险几乎覆盖全社会。目前，德国参加法定医疗保险人口的覆盖率已达90%以上。护理保险有效地减轻了退休老人购买护理服务时的经济负担，切实有效地保障了老年人和病残者享有的基本护理权利。

其次，德国政府推出了"储存个人服务时间"。（沈建，张汉威：《德国社会养老保障制度及其启示》，载《宏观经济管理》，2008年第6期。）该法令规定凡年满18岁的公民均可利用公休或节假日义务到老年公寓、老人院和老年康复中心提供各种护理服务，不拿报酬，但其服务时间储存在服务者个人档案中，以备将来自己需要接受护理服务时，可将这些服务时间提取出来免费享用。这项制度无疑是一大创举，不但可以避免年轻人人力资源的浪费，更可以通过年轻人服务社会、照顾老人而增强人们的社会责任感以及个人成就感，同时也为年老和病残公民的自我救助提供了一种选择。

另外，我们应当将家庭、亲朋好友、邻里社区、自助和志愿组织、社会服务机构等社会力量联合起来照顾老年人，关爱老年人。比如说，我们可以通过"社区照顾"模式协助老年人留在家中，住在所属社区，由社区、志愿组织等为其提供一定的帮助，从而减少政府的福利开支，最为重要的是以此加强家庭、社区的责任，增强社区服务意识。这种将个人、志愿组织、社区、社会服务机构联合起来关心社会中需要帮助的人的做法保留并发扬了人类社会善良的本质，体现了人们彼此关爱、互济互助的社会温情，应当大力提倡。

实际上，国家在建立福利制度的同时更应当倡导人文关怀，强调人与人之间的感情。但是，很多人却是单纯依赖福利制度，传统的家庭价值观、市民的社会责任感被冲淡了，认为只要交税就完事了，从而致使人与人的相处出现了情感危机。实际上，人的理性永远都不应当取代与生俱来的爱心与同情心。如果人们的社会责任感遭破坏，人们的爱心与同情心也会大受打击；如果纳税和遵纪守法仅仅被看成一种义务甚至是一种负担的话，那么这个社会将会失去温情而变得市侩冷漠。社会福利的一个基本原则是确保每个人过上一种惬意的、舒心的生活，每个人的生命都是宝贵的，任何组织，就算是国家都不得轻率地侵犯个人的权利。这些信念应当坚定不移地、不可逆转地得到执行，使每个人从中受益。因而，福利制度是为了保障人们最基本的生活，为人类发展自我、完善自我提供条件与机会，而不应当成为人类自身发展的障碍，不能阻碍人与人之间的相亲相爱以及真挚的情感交流。家庭成员间和睦相处是基于彼此的关怀与爱护，而朋友邻里之间的交往则是基于彼此的信任与接纳、关怀与帮助。同时，人与人之间真挚浓厚的情感、亲人朋友间的关心鼓舞以及个人对家人、对社会的爱与责任才是人们活着的意义，才是社会和谐发展的动力以及生活的本质。因而，我们应当借助社会福利这一载体号召人与人之间真挚的关爱与真诚的互助，促进人类的进步以及文明的发展。

附　　录

大事年表

1388年　理查德二世颁布《安居法》，该法被认为是英国济贫法的开端。

1556年　法国国王亨利二世颁布《穆兰敕令》，确立了本地救济概念。

1656年4月　法国国王路易十四敕令，创立巴黎总收容所，开创"大禁闭"先河。

1662年　法国议会敕令，强化禁闭政策。

1601年　《伊丽莎白济贫法》，即旧济穷法，被认为是世界上最早的社会保障法。

1782年　英国颁布《吉尔伯特法》。

1810年　《刑法典》将流浪定义为一种轻罪。

1834年　英国颁布《济贫法（修正案）》，即新济贫法。

1883年　德国颁布《医疗保险法》，世界上第一个医疗保险法。

1883年　《德国劳工基本保险法》，确定了早期生育保险。

1884年　德国颁布《工人赔偿法》。

1884年　法国制宪会议将"劳动权"与"享受社会救济权"写入宪法草案。

1893年　法国颁布免费医疗法，建立公费医疗制。

1894年　法国通过煤矿工人退休制度。

1894年　法国颁布强制性退休法。

1898年　法国颁布《工伤保险法》。

1889年　德国颁布《老年与病残强制保险法》。

1908年　英国国家免费养老金制度正式诞生。

1910年　法国首次立法进行退休养老保险。

1911年　英国颁布《国民保障法》，世界上第一部强制性的失业保险制度。

1919年　法国颁布《对战争受害者初偿法》。

1919年　第一届国际劳工大会通过《妇女产前产后就业公约》（第3号公约）。

1925年　英国国家缴费养老金制度诞生。

1930年　法国颁布《社会保障法》。

1935年　美国颁布《社会保障法》，设立了五个基本保障项目。

1939年　法国颁布《家庭法》。

1942年　《社会保险与相关服务的报告》，即《贝弗里奇报告》。

1942年　英国颁布《社会保障计划》。

1945年　《社会福利法》，标志着法国保障体制的正式建立。

1946年　英国颁布《国民保险法》。

1946年　英国颁布《国民医疗保健法》。

1946年　英国颁布《国家卫生服务法》，实施全民医疗保险制度。

1946年　法国建立普遍的家庭补贴制度。

1948年　英国颁布《国民救济法》。

1952年　《保护生育公约》（第103号公约）。

1952年　《社会保障最低标准公约》（第102号公约）。

1958年　法国颁布失业保险制度。

1959年　《国民保险法》，英国正式建立与收入相联系的养老金制度。

1979年　法国颁布失业补贴制度。

1984年　新加坡颁布保健储蓄计划。

1946年　英国颁布《国民保险法》。

1948年　英国颁布《国民救助法》。

参考文献

中文资料

1.《大美百科全书》，光复书局大美百科全书编辑部译，光复书局，1990年。

2.陈红霞：《社会福利思想》，社会科学文献出版社，2002年。

3.钱宁：《现代社会福利思想》，高等教育出版社，2006年。

4.[古希腊]柏拉图：《理想国》，郭斌和，张竹明译，商务印书馆，1957年。

5.[法]若兹·库贝洛，曹丹红：《流浪的历史》，广西师范大学出版社，2005年。

6.[法]让·韦尔东：《中世纪之夜》，刘华译，中国人民大学出版社，2007年。

7.[荷]彼得·李伯庚：《欧洲文化史》，赵复三译，上海社会科学院出版社，2004年。

8.[德]汉斯–维尔纳·格茨：《欧洲中世纪生活》，王亚平译，东方出版社，2002年。

9.[瑞士]J.布克哈特：《意大利文艺复兴时期的文化》，何新译，商务印书馆，1954年。

10.[英]拉蒙德：《论英国本土的公共福利》，马清槐译，商务印书馆，1991年。

11.[荷]约翰·赫伊津哈：《中世纪的衰落》，刘军等译，中国美术学院出版社，2007年。

12.刘明翰主编，王挺之，刘耀春：《欧洲文艺复兴史·城市与社会生活卷》，人民出版社，2008年。

13.［意］卢维科·加托:《帝国时代——中世纪》,夏方林译,四川人民出版社,2000年。

14.［法］米歇尔·沃维尔:《死亡文化史》,高凌翰,蔡锦涛译,中国人民大学出版社,2004年。

15.王亚平:《修道院的变迁》,东方出版社,1998年。

16. 彭迪先:《世界经济史纲》, 生活·读书·新知三联书店,1949年。

17.［俄］克鲁泡特金:《互助论》,李平沤译,商务印书馆,1997年。

18.［美］ 布鲁克尔:《文艺复兴时期的佛罗伦萨》, 朱龙华译,生活·读书·新知三联书店,1985年。

19.［美］安妮·弗里门特:《信仰时代》,刘毅译,中国言实出版社,2004年。

20.［意］薄伽丘:《十日谈》,方平,王科一译,上海译文出版社,1993年。

21.［法］马克·布洛赫:《法国农村史》,余中先,张朋浩,车耳译,商务印书馆,2003年。

22.端木美等:《法国现代化进程中的社会问题》,中国社会科学出版社,2001年。

23.［英］彼得·马赛厄斯,悉尼·波拉德主编:《工业经济:经济政策和社会政策的发展》,王宏伟等译,经济科学出版社,2004年。

24. 李琮主编:《西欧社会保障制度》, 中国社会科学出版社,1989年。

25.顾俊礼:《福利国家论析》,经济管理出版社,2002年。

26. 秦德占:《变动中的当代欧美社会》, 当代世界出版社,2004年。

27.［法］弗朗索瓦·德克洛泽:《多多益善——法国社会生活内幕》,张庚辰等译,世界知识出版社,1984年。

28.［法］安德烈·拉布戴特:《退休制度》,范晓雷译,商务印书馆，1997年。

29.［法］保罗·帕伊亚：《老龄化与老年人》，杨爱芬译，商务印书馆，1999年。

30.李琮：《西欧社会保障制度》，中国社会科学出版社，1989年。

31.丁建定，杨凤娟：《英国社会保障制度的发展》，中国劳动社会保障出版社，2004年。

32.尼尔·吉尔伯特：《社会福利的目标定位——全球发展趋势与展望》，郑秉文等译，中国劳动社会保障出版社，2004年。

33.章晓懿：《社会保障：制度比较》，上海交通大学出版社，2004年。

34.吕学静：《现代各国社会保障制度》，中国劳动社会保障出版社，2006年。

35.姜向群：《老年社会保障制度》，中国人民大学出版社，2005年。

36.［美］理查德·A.波斯纳：《衰老与老龄》，周云译，中国政法大学出版社，2002年。

37.马广海，许英：《论社会福利：概念与视角》，载《山东大学学报》哲社版，2008年第5期。

38.王挺之：《意大利文艺复兴时期的城市宗教生活》，载《历史研究》，1996年第5期。

39.郑菘：《反教权主义与19世纪下半叶法国的教育世俗化》，载《世界历史》，2007年第1期。

40.徐鹤森：《试论当代法国福利制度的得失与危机》，载《杭州师范学院学报》，2004年第6期。

41.李巍：《法国的公民家庭福利政策及其启示》，载《社会福利》，2003年第2期。

42.沈建，张汉威：《德国社会养老保障制度及其启示》，载《宏观经济管理》，2008年第6期。

43.芦龙军：《法国税制重视财富共享》，载《民主与法制时报》，2008年第1期。

44.邱莉莉：《北欧国家如何在福利制度中体现公平》，载《社区》，2008年第8期。

45.中国社会保障改革课题组：《社会保障制度的国际比较》，载《经济学动态》，1994年第8期。

46.田小宝，周弘，周琪媛：《法国社会保护体系概览——出访巴黎报告》，人大复印资料·社会保障，2003年。

47.俞会新，刘东华：《21世纪西方社会保障制度改革趋势》，载《经济纵横》，2002年第7期。

外文资料

1.H.Wohl, *The aesthetics of Italian Renaissance Arts, a reconsideration of style*, Cambridge University Press, 1999.

2.John Mc Manners, *Death and the Enlightenment*, Clarendon Press, Oxford: Oxford University Press, New York, 1981.

3.Grell O.Grell et al eds, *.Health care and Poor Relief in Counter-Reformation Europe*, London, 1999.

4.Thomas A Kselman, *Death and the Afterlife in Modern France*, Princeton University Press, 1993.

5.R.N.Swanson, *Religion and Devotion in Europe*, c.1215–c.1515, Cambridge University Press, 1995.

6.Kohl, B.（ed）, *Major Problems in the History of Italian Renaissance*, D.C.: Heanth and Company, 1995.

7.Timothy B.Smith, *Creating the welfare state in France*, 1880–1940, McGill-Queen's University Press, 2003.

8.Elizabeth J.Van Allen, *Poverty and Power :social welfare and private charity in Poitiers, France*, 1820–1848, UMI company, 1998.

9.Frances Gouda, *Poverty and Political Culure: the rhetoric of social welfare in the Netherlands and France*, 1815–1854, Rownan &Littlefield Publishers.Inc, 1995.

10.N.Downs, *Documents in Medieval History*, New York, 1959.

11.B.Pullan, ed., *Sources for the History of Medieval Europe, from the Mid-eight to the Mid-thirteenth Century*, Oxford, 1966.

12.Evelyn Martha Acomb: *The French Laic Laws (1879-1889): the first anti-clerical campaign of the third France republidc*, New York: Columbia University Press, 1941.